大夏书系·程红兵文丛

Xiazi Moxiang

Shusheng Xiaozhang de

Xifang Jiaoyu Jianshi

"瞎子摸象"

书生校长的西方教育见识

程红兵 著

华东师范大学出版社

上海著名商标

ECNUP

全国百佳图书出版单位

目 录
Contents

自序　走近西方教育

　　这是一本谈西方教育的书，确切地说是我出访西方国家的学校，且行且思，联系中国教育所记录的文字。编辑嘱我写一篇序言，于是，关于西方人，关于西方文化，关于西方教育，关于学习西方教育……许多东西陆陆续续跳到我的眼前。

　　我是"文化大革命"期间进入小学读书的，对西方人形象的认识最早是从马克思、恩格斯、列宁、斯大林的画像中获得的，这四位伟人的画像常常和伟大领袖毛泽东主席的画像并列在一起，那个时候只知道他们是革命领袖，其形象特征与我们族类差异很大，而且这四位伟人除了列宁之外都是大胡子，棱角是分明的，眼神是深邃的，表情是严肃的，整体看来有一种居高临下的神圣威严。儿时的记忆对青年时期也会产生潜移默化的影响，记得二十多岁初任教师的我，曾经有意无意地蓄胡子，不知是想因此增加教师的威严，还是想学习领袖的气质，总之是经常性地、间断性地蓄着胡子，持续时间长达十年。印象很深的是，1993 年，承蒙《中学语文教学参考》杂志主编的厚爱，我被列为该刊的封面人物，要发照片给他们。第一次寄过去的照片编辑不满意，第二次寄去的照片还是不满意，第三次仍然不满意，最后编辑严肃地电话告知我："一定要把胡子刮了！"现在想想人家在理，封面人物一般都是宣传特级教师的，我当时只是一级教师，人家破格宣传，就是要突出优秀青年教师，怎么能把自己扮成中老年人呢！

　　除了来自画像的了解，还有电影。那个时候我们看的外国电影，基本上就是《列宁在十月》《列宁在一九一八》之类，革命是主旋律，主要角色都在其中显示出超乎寻常的能量，坚定的革命意志，超凡的政治、军事智慧，发表演说指挥民众时洋溢的激情，这些都给儿时的我留下了很深的印象。对列宁的崇拜一直延续下来，后来，当书店里出售列宁妻子克鲁普斯卡娅的教育著作时，我毫不犹豫就买了，这完全是由对列宁的敬仰所致。

亲眼见到活生生的西方人，是在1970年前后。那个时候我在厦门，厦门岛和鼓浪屿之间的鹭江海峡停泊着外国人的货船，外国船员们下船后，立刻引起了厦门市民极大的好奇。市民们像看待珍稀动物一般，争先恐后地围观，里三层外三层，把外国船员团团围住，中山路上几乎是水泄不通。今天人们可能想象不出，在厦门这个被荷兰人占据了许久的城市，这个自第一次鸦片战争结束后就开埠的城市，怎么会发生这样的事情。实在是因为封闭了太久的缘故，许多人没有见过西方人，像我这样的，以及许多比我年长的人都没有见过。据说，就因为出现群体围观，厦门市的领导还被中央批评了。事件严重程度，应该不亚于今天的群体上访事件。

改革开放以后，一切回归正常，西方人在我们眼中既不神圣，也不怪异，都是人，只是种族不同而已。但是在许多问题上，我们还是仰视他们，而不是平视。

打开国门之后，人们发现以解放全人类自居的中国，其实经济、社会发展水平与欧美国家相比相差太远，学习西方，"拿来主义"，几乎在任何一个领域都是这样。出国成了一种潮流，有的人出国留学，有的人出国定居，有的人出国经商，有的人出国访问。新世纪以来，出国开始延伸到教育系统，我有幸多次出国访学。

2000年，我作为上海市建平中学常务副校长，被浦东新区社会发展局选派到澳大利亚麦夸里大学进修学习，和我一同前往的共有十位校长。这是我第一次走出国门，虽然是到被称为"西方农村"的澳大利亚，但也足以令我震撼。那里的蓝天白云，那里的人与自然，那里的学校教育、社区教育，那里的校长、教师，那里的学生、家长，那里的教堂婚礼，那里的碧海帆船，那里的考拉、袋鼠，那里的水果、花草，都实实在在地打动了我。我睁大眼睛热情地搜寻当地的一切；我开动大脑，一方面比较它和国内的不同，一方面思考着现象背后的原因；我把每一天的所见、所闻、所思、所想记录下来，与朋友们分享。澳洲之行开启了我的出国访学、阅读他者之旅。

　　2002年，建平中学被上海市教育委员会、上海市环境保护局命名为绿色学校，作为分管校长，我参加了上海市环保局组织的赴欧洲考察环保教育的团队。这次德国之行让我看到了发达国家在环境保护方面的作为。在飞机上我们就看到被大片森林覆盖的德国，所到学校废物利用，用老房子拆下的旧砖盖新房，物理老师带领学生开发太阳能、用沼气发电，等等。这些无不冲击着我们的眼球和内心。

　　2006年1月，我被浦东新区社会发展局派到伦敦大学教育学院培训。一方面，我听取了伦敦大学教育学院教授的理论授课，接受了英国皇家督学、英国资深校长关于学校办学的实践经验分享；另一方面，我几乎走遍了伦敦主要的文化场所，充分感受了英国的文化氛围，那种皇家文化，那种博物馆文化，那种渗透在每个角落的读书文化，令我感慨万分。正如英国前首相丘吉尔所说："我宁愿失去一个印度，也不肯失去一个莎士比亚。"在成为大国的过程中，思想家、戏剧家莎士比亚的作品提升了英国的人文精神，科学家牛顿的力学定律开启了英国工业革命的大门，经济学家亚当·斯密的《国富论》为英国提供了新的经济秩序。英国人珍惜这种文化。

　　2007年4月，我第一次到美国，参观了和建平中学结对的纽约威郡的几个学校。2008年，我受上海市教委派遣到美国加州参加"影子校长"培训，在蒙特瑞、洛杉矶参观考察了许多学校，近距离了解了美国公立学校、私立学校的共同属性和个性特征，以及他们的教育理念、课程设置和教师教学。这两次访问，让我见识了美国学校，也见识了美国作为世界头号强国所呈现出的文化样貌。

　　2009年5月，我赴美参加女儿硕士研究生毕业典礼，顺便参观了塔夫茨大学、西点军校、耶鲁大学。虽然是走马观花，但还是看出了一点美国的大学精神所在。在西点军校，我听到了西点军校前校长戴夫·帕尔默将军说过的一句话："随便给我找个人，只要不是精神分裂症，我就可以把他培养成一流、优秀的领导者。"这是被西点军校所有教官奉为真理的一句话，也是被西点军校领导力大师伊德·鲁杰罗奉若神明的一句话。西点军校能够让这些未来的领导者最终获取成功的一个秘诀是——允许失败。进入西点军校的学生虽然都是经过严格挑选的优秀学生，但在学校教育中毫无例外地要经受各种考验、各种锻炼、各种失败。漫步耶鲁大学，许多保存完好的漂亮、古老的建筑，向人昭示着自己厚重的历史积淀，吸引人们细细品味它如陈年老窖一样的味道。

2010年8月，我考察芬兰的一所中学，学校的一位哲学教师告诉我们：在PISA（Programme for International Student Assessment）考试中，芬兰连续三次在阅读、数学、科学三个方面都获得世界第一，很多国家的教育同行都来考察他们的教育，都想了解他们为什么考第一。他分析了几个原因，最主要的是"少就是多"的辩证法：一是芬兰政府教育投入少，但收效大；二是学生在学习时间上投入少，但考试结果好。他认为芬兰讲究教育公平、均衡，注重学生的内在动机，不搞外在的奖励，学生真正出自兴趣爱好而学习，而不是迫于家长、教师的压力，因此收效大。这一多与少的教育哲学不能不引起我们的思考。

在学习他人的过程之中，我们也和欧美国家的校长进行交流，我曾经多次十分自豪地介绍自己学校的办学经验。

2005年4月，在上海中学召开的国际名校长论坛上，听了许多专家、校长反思我们国家的教育问题，过分贬抑自己，贬抑自己的校长、自己的老师之后，我心里很不是滋味。轮到我发言，我毫不谦虚地高调介绍建平中学的办学成绩，引起了与会中外校长强烈的兴趣。这一次现场为我做翻译的恰恰是我的女儿。

2006年4月，我应邀参加欧盟教育基金会在英国伦敦举办的校长论坛。在伦敦南部的德威士学院（Dulwich College），我向中英双方的校长报告了建平中学实施课程改革的经验和学校文化建设的经验，赢得一致好评，很多校长兴趣十足地向我提问，我一一予以解答。伊顿公学校长托尼·里特对我的发言非常欣赏和肯定。

2008年10月，我出席"2008年亚太国际教育会议"（Asia-Pacific Conference on International Education），在会上作了题为"建平学校课程构建"的报告，一位美国教授在我发言之后提了一个问题："假设20年之后我们的社会出现了灾难性的危机，比如环境严重恶化、金融严重危机，面对这样的问题，你如何思考你的学校教育？你的教育将如何改变？"我当时不假思索地回答："教育就是要面向未来的，我们今天的教育就是为未来的社会服务的，刚才我提到了'领袖气质'的培养目标，其重要的指向就是培养学生面对社会勇于担当的责任情怀，心系天下苍生。我们的学生课题有研究身边的河流——荻柴浜水环境问题，我们还组织学生到长江的源头去考察，这就是一种基于未来的责任意识；我们组织学生到重庆奉节建平希望小学去义务支教，让我们的孩子了解什么叫中国，明确自身的责任。"当时主持会议的上海市教育委员会基础教育处的处长也提了一个问题："我的女儿没有做一个伟人的宏大理想，我觉得也未尝不可，像她这样的学生在建平中学是找不到自己位置的吧？"我也是即兴回答："我刚才提到建平中学的培养目标'领袖气质'，起码包括三层含义：自我牺牲、责任意识、组织协调管理能力。大家知道，当下和未来社会需要团队精神，而团队精神的营造需要有一个核心人物，他把团队成员团结起来，围绕一个目标去奋斗，这个人物就是领袖，领袖不是天生的，我们必须培养。在建平中学，我们尊重所有学生的合理意愿，你的孩子在建平中学也能够找到自己的位置。我们尊重每个孩子的梦想，我们尊重每个孩子的兴趣爱好，尊重每个孩子设想的未来生活、人生规划，但这并不排除我们对学生提出更高的要求。这就是教育的辩证法。"场内即刻响起热烈的掌声。

2013年10月，我应邀参加了在美国耶鲁大学举办的"2013年世界名中学联盟年度大会"（WLSA Annual Conference 2013），会议主题是"发展21世纪学生：分享东西方最佳实践经验"。会议由联盟主席、伊顿公学校长托尼·里特主持，我作了题为"创建有文化含量的智慧课堂"的发言，之后托尼·里特校长专门请了一个翻译对我说："你的发言很精彩，几个案例及其分析很有启发性。"现场的同声传译跑到我的面前说："你的发言太精彩了，我越译越有劲。"还有一位与会者对我说："听了你的发言之后非常振奋，你一下子就把我抓住了。"

我认为国际化的重要特征就是可理解性、可交流性、可对话性，就是与其他国家的人能够正常交流、对话，国际化不是所谓的"取长补短"后的千篇一律，不是失去个性的一体化、一元化，而是在保持个性的前提下发展国际间的相互理解、相互交流和对话，以实现各自充分发展的多元化。就像生物种类的多样才能赢得生物的健康发展，文化种类的多样才能赢得文化的健康发展。

多次的出国访学，多次的中外交流，使我对西方教育有了一定的认识。归纳起来大概有以下几点：

第一，西方教育是自由教育，是不均衡教育。西方教育重视自由，鼓励选择，突出个性化发展，但同时也存在扩大学生差异、学生随心所欲、教师听其自然的现象。西方教育十分重视学生的自主性，充分尊重学生的个性需求，在学校的课程设置上为学生创造选择的空间，开设多种类型、多种内容、多种样式、多种层次的课程，出发点无疑是好的，以学生为本，体现对学生个性的尊重，为学生提供差异化的服务，对那些热爱学习、自觉主动、智商很高的学生而言，无疑会有积极的促进作用。这部分学生因对学习本身很感兴趣，眼光是向内的，目标是明确的，学习是自控的，完全实现自主学习，发展下去成为创新人才是完全有可能的。但是对那些对学习本无兴趣，缺乏来自家庭、社会的必要外在压力的学生，学校的分类教学、分层教学，说得好听是尊重学生，其实是降低要求，迁就学生，让学生随心所欲，这样做的结果就是学习标准一降再降，学生的基本能力、素质一低再低。顺其自然的结果必然是这样：学生行则行矣，不行则不行矣；最后的结果是行则很行，不行的很不行。因为不行的太多，所以美国提出"不让一个孩子掉队"。中国的教育大多是统一强迫型的，行则要行，不行的也要行。结果行的则不是很行，因为耗费了许多无用功；不行的有些可行，但总体仍然不行。

新加坡教育部在给校长的委任状上称："你的手中是许许多多正在成长中的生命，每一个都如此不同，每一个都如此重要，全都对未来充满着憧憬和梦想。他们依赖你的指引、塑造及培育，才能成为最好的人和有用的公民。"作为校长，想必知道这样的道理，但到底如何来实现这种指引，就是一个问题。不能说西方的学校没有对学生进行指导，比如教师对学生学习规划的指导是有所体现的，但是可以肯定的是，这种指导是一般意义上的指导。一个学校设置两三个或三五个这样的专职指导教师，说起来好听，是专业指导，但其实最大的问题是无法深入了解整个学校所有学生的实际情况，指导更多地停留在泛泛而谈的层面，无法有效地实现完全个性化的指导。学生的学习需求度最终决定了学习的实际水平，也就是说学生基本停留在其原有层面上。说句极端的话，美国前总统小布什提出的"不让一个孩子掉队"完全是政治口号，是糊弄选民、骗取选票的政客行为。在西方，教育均衡几乎是天方夜谭。

这样分析并无褒贬之意，只是出于客观理性。亨廷顿说："批评者们说美国是一个谎言，因为它的现实与它的理想相差如此悬殊。他们错了，美国不是一个谎言，而是一个失望。但之所以是一个失望，正因为它同时是一个希望。"实事求是地说，西方教育的这种做法有其合理因素，人本身千差万别，为什么要所有的人都一样地热爱学习？为什么要所有的学生都学习一样的课程？每个人的个性差异是明显的，每个人的学习基础不同是明显的，每个人的兴趣爱好不同也是明显的。既然承认差异，就要尊重差异，并提供差异化的教育服务。这样做是否会于社会不利？其实也无关大碍，原因在于社会需要各种类型的人、各种层次的人：既需要高层次的创新人才，也需要普通劳动者；既需要领袖人才，也需要一般员工。刻意追求均衡，一方面不可能达到，另一方面也必然带来某种人才相对过剩，或某种劳动人员相对不足的现象，今天的中国已经出现了这种状况，大学生就业难，博士毕业去卖肉，正好说明了这个道理。

第二，西方教育是开放教育，是生活教育。西方教育由于其自身的文化自信，表现在课程内容上是非常开放的。哈佛大学通过了课程改革计划，新课程表中包括"世界中的美国""各国社会""理性与信仰""生命科学""自然科学"等课程，与现有的核心课程相比，新课程给学生们提供了更广泛的知识领域，并协助学生把目光放得更广更远，使他们加深对外部世界的认识，而不是把目光集中在主修学科上。这次变革，源自一个设问：在21世纪，怎样才算是一个受过教育的人？这种开放的眼光直接引领着美国的教育。美国的中小学课程教材种类很多，教师在教学过程中自己编写的教材就更多，基本上是各校自行其是，教师自行其是，没有中国那种一统化的教材，没有那种必考的"圣经式"的教材，这样一来，教学内容的开放性可想而知，教学资源的开放性可想而知。我在美国看到，许多老师上课根本不用什么教材，更看不到像我们国内那种统一的练习册，老师用的最多的就是自己制作的教学课件，就是一排排放在教室里的书籍，就是相关的实物。我曾亲眼见到生物老师养了大蟒蛇在学校，养了巨大的蜥蜴在教室里。西方的教育很重视博物馆的教育作用，重视大自然的教育作用。我所到访的英国、法国、美国、澳洲的学校，许多老师都爱把学生带到博物馆去学习，带到自然中去学习，充分利用社会资源、自然资源进行教育教学。当然，这样开放也必然会带来新的问题，很有可能让一些教师过于自行其是，导致教学任务根本没有完成，课程标准的基本教学要求没有实现。教师随心所欲地进行教学，基本上没有人去干涉，没有人管，知识点没有逐个落实，能力点（或者解题点）没有逐个训练，导致学生似懂非懂，因此 PISA 考试美国人考分不高是再正常不过的事了。但是站在更高层面去看，这也没有什么不好。知识点固然重要，考试分数固然重要，但打开孩子的视野更加重要，让孩子了解自然、理解社会更加重要，让我们的学生对自然和社会保持适度的敏感力更加重要。

西方国家非常重视学生的实际生活能力的培养，希拉里说："给孩子的最好工具是一把铁锹。"说的就是这个意思。我所到的高中几乎都有电工、木工、钳工、修理工之类的课程设置，一个学生高中毕业之后，除了基本的文化知识学习，自食其力的生活能力也远远高出中国学生，自己的事情自己干。家电维修、汽车维修、家庭木工、烹饪技术这些事，在中国，除了职业高中的学生之外，绝大多数学生都不会做。相反，美国学校没有职高、普高之分，几乎所有的学生都会几样基本生活技能，今后的生活质量也会因此提高许多。按照中国人的思维习惯，要集中精力办好一件大事，家长们几乎把孩子的生活全部包办了，学生只有读书考试一件事可做。事实上，有不少学生既没有提高多少分数，又没有学会做人做事的基本技能。一个欧洲人说："清朝中国在微不足道的小事情上伟大，在举足轻重的大事上渺小。"今天中国的教育是不是也在重蹈清朝人的覆辙？今日教育到底是育分还是育人？是人本主义还是分本主义？

第三，西方教育是底线教育，是守底德育。和我们中国的教育相比，西方的教育真的定位很低，他们更多的是上不封顶，下有底线。知识学习的要求，没有高限，大学先修可以，学习硕士课程也未尝不可，但底线的确很低，一个高中毕业生，只要具备相当于国内的初二数学知识水平就可以了。

至于德育，也是如此。走进许多公立学校的校园，经常可以看到荷枪实弹的警察在校园里转悠，这是专门用来对付有暴力倾向的学生。学生不能吸毒，不能有暴力倾向，绝对不允许违法，这是德育底线。至于未婚先孕带着小孩来上学，学校不会鼓励，但也是允许的，并且为其提供相应的条件，比如给哺乳期的妈妈学生提供喂奶的方便。他们没有非常高调的德育目标，没有培养接班人的宏大愿望，他们有的是非常具体的甚至有些琐碎的德育内容，比如遇到歹徒强暴应该如何从容应对。当歹徒把你双手控制住带进电梯，你可以用脚把所有的楼层刷亮，让歹徒无下手的时间机会。英国学校有这样的小学生守则："背心、裤衩覆盖的地方不许别人摸。生命第一，财产第二。小秘密要告诉妈妈。不喝陌生人的饮料，不吃陌生人的糖果。不与陌生人说话。遇到危险可以打破玻璃、破坏家具。遇到危险可以自己先跑。不保守坏人的秘密。坏人可以骗。"这些"德育"看似琐碎，但却非常实用，守住底线是学校教育的基本任务。而我们的德育更多的是"高大上"的宏伟目标，例如："热爱祖国，热爱人民，热爱中国共产党。遵守法律法规，增强法律意识。遵守校规校纪，遵守社会公德。"这样的学生守则，定位是高的，但一不小心就会流于空洞、务虚，最终说了跟没说一样，无法真正转化成学生的实际行为。

对学校教师的要求也是这样。我到访过西方国家的许多学校，从来没有听他们说过一次"教育家办学"，从来没有听说过他们的政府官员要把校长培养成教育家，从来没有听说过他们的校长要把教师培养成教育家型的教师，而听到的是每个教师每周的工作量是上满23、24节课，或25、26节课，听到的是教师只要不违法、不性侵学生、不体罚学生，学校就不能把教师除名。他们更多的是守住底线。不能说他们不够高尚，他们也不是不希望教师个个都成为"雷夫"式的教师，否则美国人就不会年年评选美国年度教师，而且一年只评一个。关键是他们懂得优秀教师不是学校培养得出来的，杰出的校长不是政府培养得出来的，成为优秀的教师、杰出的校长更多的是依靠来自他们内心的强烈动力、对教育的无比热爱，以及倾尽一生的精力去做好教育工作的信念。

不能说我们的出发点不好，我们的愿望就是让每个教师、每个校长都成为教育家，各级政府倾尽人力物力财力去追求，不能说没有作用，但是我们看到的结果是不但没有造就教育家，反而造就了许多只会呼喊口号、不去深入实践的口头教育家，或者就是伪教育家。上有所好，下必效之，现在有许多校长的教育生态就是吃饭、喝酒、搞关系、呼喊口号（最近一年吃饭喝酒的少了，隐蔽了，但喊口号依然非常普遍），升学率由副校长具体落实。所谓"一手抓分数，一口说套话"，就足以对付上级。美好的愿望如果脱离现实，就会一事无成，甚至会演化成"怪胎"。我们更应该关注的是学校教育的基本功能：学校教育到底能够做什么，能够做好什么；什么是学校教育的基本底线，如何努力守住它。同时，鼓励和促进有能力的校长、教师进一步发展。

第四，西方的教师培训主要是职前培训，职后培训主要是自学。走进西方许多国家的学校，大都是拥有硕士学位的人当教师，职前这一关把得好，称职的才能到学校当教师。一旦进入教师队伍之后，他们的培训远远达不到我们的时间量。西方教师职后培训的时间少之又少，每个学年一般不会超过3～5天，客观原因是他们的教师都承担满负荷的教学工作，每周高达25、26节课时，没有时间接受培训，基本上只能各自独立教学，教研活动几乎没有可能，像我们这样的理论培训，或者是听课、评课基本无法进行，因此职后的教师培训更多的是教师个体行为，是独立的反思。这种方式当然会带来教师成长的相关问题，但是至少有减少投入的作用，与中国的学校相比，人员的投入、资本的投入、时间的投入都大幅度地降低，他们是把有限的教育经费用在必要的教师收入上。

不能说我们培训教师、培训校长的初衷不好，但是我们培训的方式值得商榷。我们更多的是把培训校长、培训教师的任务交给了大学，交给了大学教授，大学教授擅长的就是理论，因此给未来教育家型的校长、教师做培训，往往就是理论充电，就是课题研究。我们发现，美国校长没有什么理论，倒是中国校长喜欢讲理论。现在很多人都在谈论中小学的实践如何上升到理论，有一种理论情结，这是中小学教师、校长不自信的一种表现。面对理论家，我们总是觉得自己缺乏理论素养，没有学术性，因此希望将自己的经验上升到理论，希望自己有所提升，有这个必要吗？可能吗？理论家有理论家的优势专长，校长、教师有自身的实践优势，他们各自都有不可替代性，而且教育教学本身就是实践性很强的工作，实践者可以而且应该学习理论，但是没有必要非得把自己的经验上升到理论，没有必要非得运用理论表达，同时这也是不可能的，因为经验表达、实践叙述才是实践者的本位表达。理论者与实践者应该各就各位，到位而不越位，理论工作者做理论的事情，实践工作者做实践的事情。但现实是理论工作者以专家自居，喜欢对实践工作者指手画脚、评头论足，其结果可想而知。实践工作者往往有一种理论自卑，崇拜理论，特别是在表述自己的经验之时，喜欢粘贴理论的表皮，写出来的东西"四不像"，结果把最宝贵的东西遗弃了。正确的做法是：理论工作者应该走近实践，学习和认识实践，为实践工作者提供最佳的服务；实践工作者应该学习理论，激活思想，丰富思想，清晰地、原生态地叙述事情，本真地表述自己的实践。一个名教师就是一部教育学，一个名校长就是一部学校管理学。

西方校长、教师在介绍办学和教学的时候基本不谈理论，他们谈论的基本上就是自己做了什么，怎么做，有什么效果云云，其中涉及的对教育的基本认识就是他们的教育哲学，不能不说这是一种值得学习的务实态度。还有一点需要指出，听欧美名校的校长谈话，会发现他们身上总有一种从容的气度，一种平和的心态，一如西方的文化，不管你承认不承认，它都在那里发光，好像是不证自明似的。孙子说："善用兵者，无赫赫之功。"傅斯年提倡"平淡无奇的教育"，也是这种气度。胡适评价说："他（傅斯年）做台大校长的时候，就说过'一个理想的大学，应该办平淡无奇的教育'。"相反，我们总是要证明什么，即使取得了许多成绩，还要反复地喧嚷，即使这样，人家也未必承认你是名校。

在教育领域中，即使看上去只是一个操作性的问题，如果不断追问，最后都将成为一个哲学问题。美国当代教育哲学家乔治·F·奈勒说得好：

个人的哲学信念是认清自己的生活方向的唯一有效的手段，如果我们是一个教师或教育领导人，而没有系统的教育哲学，并且没有理念的话，那么我们就会茫茫然无所适从。在西方，杰出的校长、优秀的教师比其他大多数校长、教师有更深刻的教育哲学思想和教育理念，这就使得他们能够清楚地表达别人可能只会模糊地意识到的各种问题和愿望，把问题的根源揭露出来，促进教师们对教育问题的认识。因此他们是教育理念的守门人，是广大教师的启蒙者。美国著名社会学家刘易斯·科塞很形象地将知识分子看作是"土壤中的盐分"。杰出的校长、杰出的教师就是教育土壤中的盐分。菲律宾前教育部长说过：校长应该高举旗帜走在老师的前面，而不是手举鞭子走在老师的后面。这个旗帜标示的就是教育哲学、教育理念。

　　走近西方教育，你会有许多感知，你会有许多联想，你会情不自禁地与中国教育对比，与自己所在的学校对照，我将这些用文字记了下来，多次积累，形成了今天这本书。我仍要强调一点，作为一个长期在一线学校任职的校长、教师，难免会不自觉地带上自己的思维习惯，目光会更多地投向具体的事情，类似于瞎子摸象，难免会以偏概全。为了避免读者误解，干脆挑明，就以"瞎子摸象"作为本书的书名，让读者自己斟酌判断。

　　是为序，稍显长了些。

程红兵

2014 年 5 月

第一辑 / 西方教育的近距离扫描

务实而不功利的以色列教育

傅斯年做台大校长时就说过："一个理想的大学，应该办平淡无奇的教育。"这句话放在今天的中国是很不时尚的，今天中国的教育是：处处高大上，时时出亮点，人人谈创新。但在全球教育背景下，傅斯年还是能找得到知音的，那就是以色列的教育，以色列的教育就是务实而不功利的教育。

2014 年 9 月，我随中育教育发展研究中心组织的"拔尖创新人才培养"专题教育研修班到以色列考察。行前我了解到以色列的创造能力何其了得，马塞尔·梅斯曾对犹太人获得诺贝尔奖的情况进行过统计研究，用大量数据说明了犹太人在这个方面取得的突出成就——800 多万人的小国在 20 年内诞生了 10 位诺贝尔奖得主。在探究其原因时，美国创造学家 S·阿瑞提指出，统计数据"并不证明犹太人从生物学意义上就比非犹太人优越。他们自 19 世纪中叶以来所获得的伟大成就，在很大程度上能够归因于在犹太人环境中占据优势的那些社会文化因素"。那么，以色列的教育就是这些社会文化中的一个重要因素。于是设想以色列的学校一定是极为现代、科技含量十分高的学校，即从校园环境到教学设备，无一不是现代化的、高科技的。

然而到了以色列，看了几所学校后，结果完全出乎你的意料。一水的朴素校园，一水的朴素校舍，一水的朴素教学设备。我们到访的是一所坐落在农庄里面的学校，那里各种类型的学校都有，有幼儿园，有小学，有中学，有开放大学，有国际部，甚至还有马戏团学校。说它是乡村学校绝对没错，说它是国际学校也没错；说它是急待改造的学校没错，说它是教育教学质量非常高的名校同样没错。看了这个学校，我冒出的一句话就是：

学校教育国际化可以有多种呈现方式。这所学校你分不清哪儿是农庄，哪儿是学校：一会儿是教学小楼，一会儿就是奶牛场；一会儿是体育场，一会儿就是养鸡场；一会儿是艺术楼，一会儿就是西瓜地；一会儿是办公楼，一会儿就是驯马场；一会儿是幼儿园，一会儿是养鹿场。学校在外观上很不讲究，到处是裸露的土地，校舍很陈旧，教室设施很一般，就是在这样一个农庄里的学校，学生居然能获得多种大奖，例如获得美国举办的国际科技创新大奖、艺术大奖，等等。学校还专门设有招收国际学生的国际部，IB课程教学质量非常高。他们从来不搞什么奥赛集训班，他们也没有任何艺术专业集训队，顺其自然，学生想唱就唱，想画就画，有想法就好好地玩一把，有创意就好好地秀一回，得奖是整个过程中水到渠成的副产品，而不是刻意为之的目标。

▶ 校园里随处可见的农具

走马观花式的考察无法透彻地解析是什么原因使他们具有这么高的创造能力，但有一点可以肯定，孩子们在十分自然的环境当中，心灵是放松的，思维是开放的，学生在农庄和学校之间不停地穿梭，在教室与牛圈之间来回穿梭，在实验室与菜地里来回穿梭，在书本与马群之间来回穿梭，创意迭出是十分自然的。

我们又到访了一所坐落在富人区的公立小学，学校看起来非常简陋，校舍不能说是危房，但绝对像一个人到中年不施粉黛的妇人，硬件设施乏善可陈。说它老，却没有历史悠久的厚重感；说它旧，真的是几十年没有装修。但这是一所非常注意环境细节的儿童化的学校。学校里有许多沙地，这在我看到的中国学校也罢，西方学校也罢，是沙地最多的学校。学校原本就不缺沙的资源，因为学校就坐落在沙漠之上，难能可贵的是将沙地作为教育环境来利用。这个学校是做得很好的，他们的幼儿园居然每个班都有一个室外空间，都有一块很大的供孩子们玩耍的沙地。小学部的沙地就更多更大了，大块的沙地是学生的足球场，孩子们在踢沙地足球，小块的沙地里，学生正在建设兔子的寝宫以及行走走廊，正在建造小白鼠的运动空间和结婚殿堂。小孩子堆堆沙，并不仅仅是堆沙而已，其中还有创造，还有亲近动物，还有亲近自然。沙地是一种资源，它可以无限变化，这就为培养孩子的想象力提供了对象化的空间。

▶ 幼儿园每班都有一块沙地

这所学校的校长很有创意地在校园里建了一个室外"教室"：在大树底下，先用钢管搭建了不完全封闭的架子，旁边种上藤蔓植物使之爬在架子上，造成一种洞的感觉。绝大多数低幼年段的孩子有一种喜欢洞的兴趣特征，比如我们常常看到小孩喜欢钻到书桌底下看书玩耍——有心理学家分析，这是因为孩子在母亲的子宫里待得很久后习惯于待在黑暗的洞中。学生长时间在教室里上课，换换环境有新鲜感，与树木花草为伴，与小鸟为伴，也是一种不错的调剂方式。我的直觉是：像这样若明若暗的天然学习空间更容易激发学生的创意，因为学生们全然没有任何的压迫感，全然没有任何的清规戒律，只有自由，可以任凭自己发呆，恣意想象。英国哲学家怀特海在《教育的目的》中说："通往智慧的唯一道路是在知识面前享有自由。"犹太人因为自由，所以智慧。

▶ 小学的孩子们给兔子建造走廊

▶ 小学生给小花鼠建造行宫

这所学校电脑房的设计很有特色，国内的电脑专用教室一般都是千篇一律的模型，即学生桌椅或横排，或竖排，其最大的弊端就是学生之间的人人交流弱化了。也许人机交流强化了，但是师生之间的交流弱化了，生生之间的交流弱化了。而这里的电脑教室里，桌椅居然是椭圆形的会议桌，椭圆形的两条横边墙上分别都有一个投影仪，保证每个学生都能看到投影内容，每个学生一台手提电脑，学生之间的交流十分便当，老师和学生的交流也非常便当，老师可以关照到每个学生。交流能够促进思想火花的碰撞，能促进创意的产生，能够促进问题解决方案的不断完善。

我们考察了希伯来大学，这是以色列最著名的大学，其地位相当于中国的清华、北大，是犹太民族最高学府，爱因斯坦是建校时的校董之一。这所大学居然对培养青少年创新人才有强烈的兴趣，校园里两幢不小的教学楼，一幢用来培养中学生，一幢用来培养小学生。这个机构的建立，源于以色列前总统佩雷斯的提议，政府投资，大学具体来操办，有专职的管理人员和教学人员，更有大量的兼职教学人员，他们全部都是大学的教授、研究人员，只要有需要，随时都可以上课、带着学生一起研究。他们的教学分成两类：一类是普及型的，面向有兴趣的学生，一年上3次课，每次4个小时，参与基本的实验，实验主要由大学的硕士、博士来指导。另一类是专业型的，就是从全市各个学校推荐出来的400多个超常儿童之中，通过考试，再选拔出20个左右的学生进行专业学习。选拔除了重视知识能力的考试之外，还要考察是否有团队精神，他们非常反对自私、不合群的人。每周两次学习实验研究，每次4个小时。

我们还考察了以色列魏慈曼研究院，这是以色列最高、最权威的国家研究机构，相当于中国科学院，他们面向中小学专设了青少年接待中心、青少年科教中心、青少年科技园，其中有许多科普设备、研究设施。一个国家级的最高研究机构积极从事青少年的科研能力培养，派专人负责该项目，并组织一流研究人员带教青少年，进行专业学习、专业研究，这无论如何都是难能可贵的，相反中国的科学院至今都没有这样的作为。

中国的教育绝对是务实的，但我们更多的是务自己功利的实，务结果的实。我们的基础教育特别在乎实际成绩，太在乎眼下功利的结果。只要进行了课程改革一定要结出教学质量的果实，没有分数的大幅度提高，没有升学率的大幅度提升，这个学校的校长、教师是羞于谈课程改革的；只要进行了创新教育、拔尖人才培养，那一定要有一系列竞赛成绩来印证，否则一切都是白忙，谁也不信你的教育有任何的作用，你的培养有任何的价值。我们太崇拜直接效益，我们太在乎立竿见影，我们太在乎今天的收获，而不在乎明天的意义。一个 PISA 考试第一名让我们扬眉吐气了好几年，那发自内心的强烈的骄傲感、自豪感溢于言表，我们频频介绍、不断解读上海的 PISA 数据，在貌似谦虚的分析语言之下，是想压都压不住的得意，透过这样的得意，你可以看到骨子里有一种被压抑太久的自卑，这样的得意其实是一种不自信的变向表现。再如"不能让孩子输在起跑线上"的说法，其实就是十分典型的抢跑心理，甚至是偷跑心理，就是十分典型的短距离赛跑心态。而教育不是短跑，教育是人生漫长生活过程的写照，是 N 次方的马拉松赛跑，靠一时的抢跑、偷跑无济于事，这种偷跑心态必将最终导致一定输在未来，输在终点。有人曾经说过，中国人的文化基因中有一种饥饿基因，始终处在饥饿状态之下，做什么事情都火急火燎，都追求即刻效应、注重眼下、不论未来。就连培养创新人才的教育也是这样，故创新人才是根本培养不出来的。创新需要宽松，创新需要自由，创新需要宽容，创新需要等待，而我们的教育恰恰缺乏这些基本的文化元素。

中国的高等教育，高端的科研机构，也是十分务实的，他们务的是自己的实，与中小学基础教育基本是割裂的，他们更多的是坚持本位主义，只顾自己的项目研究，无暇兼顾中小学的创新人才培养，至多就是给中小学学生开设讲座，绝对没有在大学校园里、在研究院所里，设置专门培养中小学学生的机构。甚至他们连对教授的评估，都是以年度论文数量、课题档次为主要依据，甚至唯一依据，最终出来的是中低端产品，高端创意产生不了，就是自然的结果。

以色列的务实教育与我们的完全不同，以色列教育是务实而不功利的，他们从来不谈论升学率，从来不谈论发明一种什么教学模式来立竿见影地大面积提高学生分数，从来不炫耀自己的教学设施设备如何现代，从来不夸耀自己的校园环境是五星还是超五星，从来不介绍他们投入了多少办学经费，又募集了多少教育资金。他们的校长绝不奢谈自己的学校是卓越学校，更不会说自己的学校是国内一流、国际领先。最新结果显示，他们的数学只排 41 名，科学只排 41 名，阅读排 34 名，令人惊讶的是他们对自己学生在 OECD 国家中 PISA 考试中处于中等偏下的位置安之若素，以为十分正常、十分自然。甚至他们的家长每天询问学生，也不像我们的家长所询问的：今天学了什么有用的知识？考试得了多少分？在班上排第几名？在年级排第几名？他们的家长更热衷于问问孩子：今天你提了什么问题？有没有提出把同学和老师都难倒的问题？他们的兴奋点根本不在功利的目标方面，他们的务实体现在每一个教育教学的细节之中。他们让孩子愿意学习，让孩子喜欢探究，让孩子用自己的方式乐此不疲地学习，让孩子在宽松、自然的环境之中自由地生长。以色列的教育是全社会贯通的整体教育，教育内部也是贯通的整体教育，中小学与高等教育及其研究机构不是"铁路警察，各管一段"，而是主动关联，相互服务，相互促进的，都是在实施国家发展战略，都有一个十分突出的整体的国家意识、民族意识。所以以色列取得了令世人瞩目的科技成就。

我们不能孤立地看以色列教育，必须与以色列的文化联系起来看，一定要联系以色列的基布兹、以色列大街上跑的车、以色列大地上密密麻麻的水管来看。以色列人非常节俭，非常朴素，这是一个朴素到极点的民族，他们几乎一点资源都不浪费，大街上跑的车都是极为普通的汽车，雪佛兰、宏达、福特、起亚、马自达，都是排量很小的车。以色列的花草树木、各种农作物都是靠滴灌栽培的。这是一个资源极其匮乏、一个曾经流浪天涯、一个差点被人灭绝的民族，深知生存不易，发展不易，十分珍惜建国的机会，十分珍惜各种可以利用的资源，硬是靠人力——人的创造力、人的坚强的意志力——把不适合生存的沙漠地带，变成绿树成荫、花草遍地的家园。这个民族真的难能可贵！

与以色列文化形成鲜明对照的是当下的中国文化。改革开放 30 多年，我们的 GDP 总量全球第二，一夜之间很多人暴富了，开始奢华了，无论是路上跑的车子，还是自己住的房子，无论是身上穿的衣服，还是手里拎的包包，一律是豪华表相、世界名牌。在今日中国，奢侈品是高贵身份的象征，奢华生活是很多人的文化追求，但无论怎么包装，都掩盖不了骨子里的暴发户心态；无论怎么装修，都掩饰不住综合文明素质欠缺的品相。在今日中国，高雅的文明气质毫无疑问是十分稀缺的品质。这样的文化氛围一定会影响教育，导致伪贵族学校、假国际学校的不断涌现，导致原本应是朴实无华的教育，变成了高大上与假大空混合的学校，令人痛惜！

教育是全社会的教育，社会的方方面面都在发挥教育的作用；教育是整体的教育，大中小学各种教育机构应通力合作、共同育人。

理科学校的人文色彩

——伊利诺伊数理高中考察散记

2011年4月，中国国务院国务委员刘延东、美国国务卿希拉里就中美人文交流达成协议，中美双方将启动教育、文化、青年、妇女等多方面的交流。作为此项目的第一批赴美考察团，中国优秀校长、优秀教师教育考察团，应美国麻州大学波士顿校区的教育学院邀请，在国务院参事、人大附中校长刘彭芝的率领下，于7月19日至8月1日赴美国芝加哥、波士顿、华盛顿，深度考察、研究美国最优秀的公立、私立高中。考察团主要由来自北京、上海、天津、浙江、山西、新疆、甘肃、宁夏、湖北、云南等地的优秀校长、优秀教师组成，共78人，先后访问伊利诺伊数理高中、菲利普斯·艾克赛德学校、菲利普斯·安多福学校、托马斯·杰斐逊科技高中。

多次到美国，已经没有多少新鲜感，一样是到美国领事馆面签，一样是留指纹，一样是长时间的飞行，一样是精神疲惫、困倦不止，一样是看到广阔的绿地、湛蓝的天空，一样是风格相近而又各自不同的别致建筑，一样是考察学校，一样是校长带着几个懂中文的学生和老师接待。然而这一次却仍然有所期待，期待的理由是十分充分的：其一，这次考察是国务院参事、人大附中校长刘彭芝带队，凭借她的关系或许能看到美国最好的学校；其二，是伊利诺伊数理高中，听着这个名字就有一种豪迈感，因为在中国，至今还没有一所中学敢以数理来命名；其三，今年5月我到英国，在伦敦看到了一种全新理念、全新设计的未来学校，一所很有创意、被首相卡梅伦充分赞许的学校，总觉得英美两国在教育创新上仍有许多值得借鉴的新经验、新创意。

带着这样的期待，2011年7月20日早上，我们来到学校。校长麦克带着他的豪华接待团队——三四个学生，冒着据说是最近几年芝加哥的最高气温，迎接我们这支庞大的队伍。校长亲自带我们参观校园，介绍学校办学宗旨、培养目标，同时请教学副校长介绍学校教学特色，请来放假在家的数学、物理、化学、计算机、中文教师轮番上阵，为我们介绍这所学校的学科教学。看得出，校长是做了充分准备的。尤其让我们感动的是，校内餐厅专门为我们准备了中式午餐。

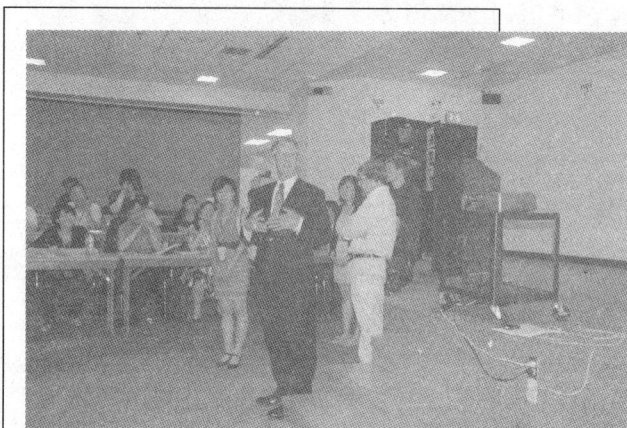

▶ 麦克校长兴致盎然地介绍学校的理科特色

这所学校的英文名称叫"Illinois Mathematics and Science Academy"，是一所以数学和科学命名的高中，可以说是一所精英学校，每年有近千名学生应考，结果只录取250名学生。学生的学习任务是繁重的，夜里12点乃至1点才睡觉是常有的事，不适应的学生纷纷转学退出，最后坚持到毕业的大概有200名学生。适合的才是最好的，这里绝没有通过各种关系、不惜一切代价想钻进来的学生，绝没有进来之后即使很不适应也绝不肯离开的学生。鞋穿在自己脚上，只有合脚的才是好的。天下之大，鞋子很多，总有适合自己的鞋子，不合适，换一双就是；天下之大，学校很多，也总有适合自己的学校。

麦克校长和他的接待团队非常热情地给我们介绍学校的理科教学特色，我从中感受更多的，却是这所学校科学教学的人文性。对于科学和人文，我们长期以来都将其分成两个相对的方面，但在伊利诺伊数理高中，二者却是完全融合的。学校的课程设置除了数学和科学，还有文学和历史。这与我们国内的一些高中，虽不敢以数理高中命名，却敢剥夺理科学生学习历史课程的权利相比，显然不是一回事。（在高一不开历史课，腾出时间上理科，高二学生选择文科的才开设历史，选择理科的则不学历史，也就是说选择理科的同学将在高中与历史脱钩）麦克校长反复强调学校的办学宗旨是培养学生的想象力，激发学生的探究热情，推动人类的发展。这个目标定位就很有人文意义。科学为什么？回归原点，科学的最终目的是推动人类的发展。科学是为人类服务的，科学教育同样如此。在这所学校，不但校长有这个思想，数理教师也都有，并自觉地将其贯穿于教学中。

学校的教学环境充满人文色彩，校园随处可见各种精美的艺术作品，或油画，或雕塑，或抽象的、给人以无限想象的艺术构图，等等。给我留下印象最深的是三件艺术布置，其中一件是由上百双眼睛组成的艺术作品。科学是发现，审美也是发现，这无数双眼睛在努力发现自我，发现自然，发现社会，发现无数美好的、有价值的东西。

▶ 无数双发现的眼睛

另一件是由树枝、干草组成的鸟巢。匆匆而过可能还不会注意，但一旦注意到，你就不会轻易一带而过，它给你留下了很多想象的空间，促使你关注自然，关注我们人类的伙伴，这也是人文教育中不可或缺的重要内容。

▶ 墙壁上的鸟巢提醒人们关注自然

　　还有一件是一尊在高处矗立的女性坐像。我更愿意把它理解成母亲坐像，低头走路是看不到它的，这尊硕大的白色坐像，在顶端两只射灯的光线下，泛出乳白色的光。宁静、安详、慈爱、宽厚……人类母爱的所有特质都集中在这个形象上，亲切、神圣。

▶ 母爱的光辉集中在圣像上

　　数理学科教学过程中所使用的教学方法，也是很有人文意味的。数学老师关于数列的一道开放性题目，意图非常明显，就是要学生改变科学单纯是求真，求真就是寻找唯一正确的答案这样一种简单的思维方法，开放，多样，多元选择，将人文精神灌注于科学的学习之中。化学老师、物理老师从问题出发，让学生从现实生活的现象出发，产生兴趣，做出假设，努力分析，从个别上升到一般，用归纳的思维范式，弥补从一般到个别的演绎思维范式的不足。这所学校还有一个让大家普遍感兴趣的做法：学校把周三时间腾出来让学生研究课题。数理高中当然要研究科学问题，但值得一提的是，学生的研究题目不限于科学范畴，而且还有世界上的贫穷问题、犯罪问题等人文科学的题目。

麦克校长无意中提到学校里一个考试成绩常常不好但很有思维潜力的学生，校方没有因为考试成绩不好否定学生，而是积极帮助、鼓励他的创造性研究活动。最后，这个学生加入了美国科学家研究火星探测器的队伍。这就是教育的人文性、对学生的人文关怀的体现。

▶ 敞开的实验室像生产车间

创新教育培养具有创造精神和研究能力的人才，永远需要摒弃功利主义的价值观。没有人文的科学，将最终失去科学；没有人文精神的科学教育，将最终阻碍科学人才的诞生。

学校的不变与变

——访菲利普斯·艾克赛德学校

2011年7月25日，我们来到了菲利普斯·艾克赛德学校，这是一所私立高中，学校正在进行修缮，占地面积很大，建筑物多为五六层的楼房。车子开到一座类似学校行政楼跟前，下车之后，只见楼门口竖了一块小小的牌子，上面只有一个英文单词"welcome"。进到里面，一个大会客厅里摆着许多沙发，校长带领工作人员接待我们。每个参观者都领到一个牌子，上有参观者的姓名，还标示了在哪里听课、听什么课。最突出的是牌子上有一个圆点，我的牌子上是蓝色的圆点，其他参观者的牌子上都有一种颜色的圆点，这时，我们还不明就里。

校长在一间阶梯教室里向我们介绍了学校的大致情况和当天的安排，然后由教师和学生分别带我们参观学校。这时我们才知道，圆点的重要作用，就是把所有参观者进行分组，以颜色标识，便于区别，由此可见他们的细心与严谨。

教育有什么是不变的，有什么是可变的。这是教育人经常要想的一个问题，尤其是身处于课程改革的当下。

一名即将进入高一的学生带我们参观校园。来到学校的体育馆，一个占地面积非常大的建筑物矗立在眼前，它不贴任何面砖，素面朝天，无法把它尽收眼底。大不是主要原因，更主要的是它设计的精巧，使你想进入其中观察。进入馆内，不加任何修饰的水泥墙面与外观完全一致，让人震撼的是墙面上贴满了照片，学生运动员的照片，各时期、各运动队的照片都有。我没有把全部的照片看完，但我发现了一张已经泛黄了的1805年的学生的照片，我由此估计，自从有了相机，学校就保存了历届学生的照片。这一点尤其令人惊叹，它传递出这所学校历届教师信奉的教育信仰、教育者的教育理念：学校是有记忆的，最重要的记忆是关于孩子们的记忆，学校有很多重要的事情，但最重要的是孩子们成长的故事。一张张照片记录了孩子们在学校最生动的瞬间，记录了孩子们最美丽的形象。这应该是教育不变的东西。不变的还有它的建筑，基本上都是修旧如旧，可以造新房子，但旧的房子一律是不能拆的，因为那里承载了历届学生的故事、情感和记忆，若干时间之后长大成人的学生来到母校，除了看老师之外，就是找他们的教室，寻找他们曾经学习、生活的地方，那里将唤起他们美好的回忆。

学校当然是要变的，否则就不存在所谓的教育改革、课程改革。除了教学内容的变化之外，我觉得学校教学过程中物理元素的变化也会导致学校教育教学的变化，菲利普斯·艾克赛德学校就是一个很典型的例子。80年前，一个大慈善家曾经一次性给学校捐赠了一大批圆桌，于是这所学校的学习方式也因此发生了积极的、有意思的变化，形成了一种叫做圆桌教学的模式。这个模式好就好在以讨论式教学代替传授式教学，学生12个人组成一个教学团队，进入教室之前要进行相关的阅读，进入教室后围绕教学内容进行讨论。学生如果没有读书，就不能进入圆桌教学这个"场"，长时间下来，自然养成了读书的习惯，而且培养了自学能力。教师事先不知道学生在讨论过程中将会提出什么问题，一切都是难以预知的，于是也就有了不确定性和灵活性，这就是教育的艺术性所在，教师的专业水平得以进一步提高，否则，将无法应对这种教学形式所带来的挑战。当然，这种教学方式最大的问题就是昂贵的成本，一个教师在一节课只教12个学生；学生在讨论过程中很有可能把话题扯远，学习效率很受影响；自学习惯好、自学能力强的学生受益无疑，但自学习惯不好、自学能力不强的学生将越差越远，跟不上正常的学习进程。当然比较下来，还是利大于弊，尤其对今后进入大学的孩子，提升其自学能力，将更加有利于孩子们在大学的学习。

物理元素的改变促进整个学习方式的变革还有一例，就是今年5月我在英国伦敦未来学校所看到的，改变教室从而改变学习方式，将传统的长方形教室、不大不小的教室，改变为亦大亦小，多功能、多区域的教室，以此促进教学组织方式的变革。再就是改变学习工具，使用平板电脑，彻底颠覆学生的学习方式，进入一种未来学习模式。

　　学校的教育教学是为人服务的，尊重学生，服务学生，促进学生发展，这一点是不变的；可变的、好变的主要在于学校教学的物理元素，一种物理元素的改变必将带来教学的全新变化，以适应当下学生成长的需要。

在英国，从文化到教育

2006年1月3日至2月3日，受上海市浦东新区社会发展局委派，我到英国伦敦大学教育学院学习，同时考察了英国的一些学校。

一、感知英国文化

走进伦敦，我近距离地感受到英国文化和中国文化的许多不同点，了解到英国人在学习、工作、生活诸多方面的特征。

伦敦的地铁不豪华，却十分方便，伦敦的任何一个地方都可以乘坐地铁到达。走进地铁车厢，可以体会到浓浓的文化氛围，绝大多数人手里或拿着一本书，或拿着一本杂志，或拿着一张报纸，在静静地阅读着，由此可以感受到英国人良好的阅读习惯，感受到英国人的秩序意识、文化修养，这在国内的地铁里是很难看到的。

到伦敦，你必须参观博物馆，伦敦的博物馆很多，有300多个，且很有特色。仅有广西那么大的英国，为什么会有如此多的博物馆？为什么会有如此多的文化宝物？我们中国的历史如此悠久，幅员如此辽阔，为什么我们连自己的文物都保护不好？我们与他们之间在思想意识深处到底有什么差别？

所谓的博物馆，我的理解就是人类的文明馆，它用实物、标本、文字、图像等媒介记载了人类走过的历史，它是人类的记忆。一个国家、一个民族甚或是一所学校应该是有记忆的，但我们恰恰缺乏记忆。我们在伦敦的博物馆里看到了中国人的服饰，甚至包括"文化大革命"期间人们的服饰等等。

　　记忆还表现在城市建筑、学校建筑上面：伦敦塔、大本钟、塔桥，等等；伦敦的教堂几乎座座都是艺术品；伦敦许多市民的住所都是有上百年甚或几百年历史的建筑，而且都非常美观；牛津大学、剑桥大学，几乎每个学院都是一个艺术的园地，有古老的大树，有碧绿的草地，有雕梁画栋的建筑群落，有非常老旧却结实的木门，甚至牛顿当年设计的木桥也依然健在，无声地向人们讲述着牛顿的智慧。这些文物、艺术品、实用建筑物的综合体，几百年前是这样，几百年后依然保存了那个时候的风貌。这就是文明的传承，这就是历史的记忆。而我们的现状是随意地建，若干时间之后又随意地拆，拆完之后又是随意地建，这样的城市是没有记忆的，没有文化的深层积淀的。

　　博物馆既是成人的学习场所，又是孩子们学习的课堂，所有重要的、具有教育意义的博物馆几乎都是免费开放的，可视、可听、可触、可操作、可拍照，有动感（比如介绍地震），有深入感（比如进入地球心脏），提供饮食服务。社会是为教育服务的，今天的教育就是明天的社会文化。

　　恰好在伦敦过春节，感受到了英国的华人文化。大年初一，唐人街周围积聚了二三十万人，白种人的人数远远超过了华人。伦敦市的市长、中国驻英国的大使先后讲了话。到处都在卖中国的小吃，大鼻子英国人非常快活地吃着中国的食品，英国警察们忠于职守地维持秩序，唐人街根本走不动，到处都是人。华人的力量似乎把所在国的国民都同化了，心情很激动，真的为我们的国家、我们的民族感到自豪和骄傲。

　　英国首相亲自发来贺词："我很高兴向华人社区发出新年问候，祝愿所有的华人在即将到来的狗年里幸福快乐。这个节日代表着大地回春，辛勤耕作的开始，也是人们表达友谊，家庭团聚，向往未来的时刻。现在，这个节日已经远远超出了华人社区的范围，而被来自不同文化背景的人共享……"他已经读懂了华人的春节，理解并认同了华人的春节情怀，我想，就这一点来说，也是不容易的，英国有多少移民没有像中国人这样的族群意识，这样强烈的族群节日情结和文化习惯。

二、了解英国教育

走进英国，我们处处体会到英国的教育，因为今天的文化现状就是昨天英国的教育成果。我们同时考察了英国的学校，牛津、剑桥两所大学美丽而动人，但我们像匆匆的过客，无暇体会它们的内在美以及幽深的文化内涵。有人说牛津、剑桥这两所学校其实是两本厚重的书，适合人平心静气地品读，无奈时间、条件均不允许，我们只能挥一挥手，用照相机带走片片绿意和云彩。但即使像我们这样的匆匆过客，仍能感受到它们身上所散发出来的贵族气息，那种浓浓的高贵、典雅、博大精深的历史老人般的文化气息。这两所学校是培养一流人才的，更是培养精神贵族的，我有一种直觉：从一定意义上说，这两所学校就是大英帝国的象征，是大英帝国的精神支柱。

我们在英国更多的时间是在伦敦大学教育学院，听教授们、督学们、资深的校长们谈英国教育，谈学校管理，谈领导风格，谈督学。在温度很高的暖房里长时间听课，我们个个有缺氧的症状。坦率地说，英国教师的课缺乏动人的魅力，缺乏对我们来说有效的信息，他们的培训方式我们不太适应，因为他们更多的是采用讨论式，更多的想让我们自己说，这大概是我们与他们的培训文化不太相同的地方。我们更多的是想听一些新的东西，听一些有趣而且有益的东西，听一些对我们有启发有用的信息。经过交涉，他们有意识地调整了教学方式，但也许是他们不适应这种教法，最终的感觉仍不甚满意。这一方面说明两种培训文化的不同——他们的着眼点和我们不同，他们的培养方式和我们不同，他们的期望值和我们不同，他们原本就不希望传递或接收太多的信息，一如他们的中小学教育，他们的学科内容原本就很少，每一堂课的教学容量十分有限，反过来说：我们是不是过于贪多？我们总想多多地获取，我们总是自觉或不自觉地想得到太多的东西包括信息量，培训其实也就是学校教学文化的一种反映，信息量是多好，还是少好，是传授式好，还是讨论式好，显然不能简单地下结论，各有利弊，因人而异，因时而异。另一方面也说明我们上海的培训已经非常前卫，英国老师所讲的，我们的校长们大都已经了解、知道，还有一种可能就是，为我们上课的专家们不是真正一流的专家，而是一些并非从事理论研究、以前虽做过校长但现在离开校长岗位已经有较长时间的人，他们虽知道一些时尚的理论，但终究理论功底不深，虽知道学校管理实践，但毕竟没有新近的切身体验。

但我依然认为这样的培训还是有收获的，除了了解到他们的教学方式，我从他们的共同话语中能把握到英国教育的一些脉搏，可以看到他们的一些共同价值取向。教授们、校长们的介绍中多次出现的核心概念之一是"愿景"，说明他们普遍认同并十分强调建立学校共同愿景在学校管理、学校发展过程中的重要作用；第二个核心概念是"学习"，他们特别强调校长应该是一所学校学习的先行者、优秀的学习者，是学校教师员工的学习组织者、引领者，校长要不断地鼓励教师员工学习，创造学习的条件，建立学习的机制，形成一支学习的团队；第三个核心概念是"领导风格"，不少人都提到领导有多种风格，民主型的、命令型的、榜样型的、愿景型的、引领型的，等等，更多地强调风格应该是多种类型的综合，而不是单一的，不同情况采用不同风格，提醒校长要关注教师员工对自己领导风格的判断与认同度；第四个核心概念是"反思"，这个概念虽然在一些讲课中没有直接出现，但他们多次提到，作为校长要经常问自己这样几个问题，或者是那样几个问题，其含义我以为就是反思，不断地向自己发问：自己怎样，教师怎样，学生怎样，团队怎样，与别人相比怎样，与别校相比怎样，应该怎样，如何这样，等等。

考察位于伦敦东郊的金斯福德学校，使我们更加清楚地看到了英国学校的实际情况，这正是我们期望的近距离或者零距离观察。伦敦大学教育学院安排我们参观这所学校，主要原因就在于它以开设中文必修课程为特色。这所学校是新建的社区学校，学生是来自世界各地的移民子女，文化层次参差不齐，基本素质不高，属于薄弱学校。但几天考察下来，我们还是为这所学校的女校长、这所学校其他干部和教师身上所表现出的敬业精神与工作活力而赞叹。校长是来自牙买加的有色人种，从她身上我们看到了一名校长非常可贵的视野宽度。虽为一个貌不惊人的中年女子，但她对教育的理解，对社会背景环境以及经济发展走向的充分认知，以及善于交往、善于表达的优势，使这所学校的特色创建在短时间里取得了明显的成效，有了一个非常好的开局。教师们的工作态度也让我们有了非常具体的认识，早晨7点多有些老师就已经到校，8点以前所有老师全部到位。由于求真务实的工作作风，他们所有的会议都非常简洁，所有的工作都是从实际出发，全体老师的晨会，干脆利落，10分钟左右的时间内搞定。职责分明，节奏感很强。

对这所学校的零距离考察，使我改变了以往对欧美发达国家中学教育的一些不确切的认识。原以为他们对学生是充分尊重的，以至于对过错学生也是以温柔教育来引导的，但事实并非如此，他们对犯错误学生的惩戒教育力度非常大，有些措施超越了我们的想象。比如，课堂上有学生没有完成作业，则把这个学生请到一边去，让他先完成作业再说，将他孤立。学校另外租赁一个场所专门隔离那些多次犯错误的学生，将这些顽劣异常的学生集中起来进行禁闭式教育，按照年级来组织，各个班级的班主任将名单开出交给年级长，由年级长和负责特殊学生教育的中层干部最后决定人选，将每个年级10个左右最顽皮、最有破坏性的学生看管起来，一周一天时间。在这一天中表现好的，可参加体育活动；表现不好的，不能参加体育活动。对那些有暴力倾向、行为恶劣的学生，则交给警察管教训导；对那些根本不想读书、只想工作的，学校则帮助联系实习单位，介绍他们去实习或打工；对那些屡教不改的学生，学校干脆开除，虽然他们只是初中生。我们特意追问：是不是只有他们这所学校有这样的措施？他们的回答是：伦敦的许多学校都在这样做。他们已经形成基本共识，尊重学生是尊重大多数学生的基本权益，必须保证大多数学生有较好的教学秩序，对个别学生的尊重是以不影响其他大多数学生的利益为前提的，因此他们特别强调教学秩序，特别强调对严重违纪学生的严肃处理。

其实，这与英国青少年的现状有很大关联。2006年1月23日，时任英国首相的布莱尔在每月一次例行的记者招待会上承认，青少年犯罪的大幅度上升是他1997年5月出任首相以来最苦恼的问题，他对没能有效控制青少年犯罪深感遗憾。据警方的消息，英国16岁以下青少年犯罪在过去8年增长了约28%。入室盗窃、街头抢劫、流氓行凶、殴打都有大幅度提高。尽管执政的工党不断出新招，但仍然不能阻止犯罪的蔓延。2005年起，英国各地政府纷纷对数千名青少年惯犯实施反社会不当行为的宵禁令，治安仍没有好转。2004年10月30日，4名年龄在14～16岁的少年，在大街上大声喧哗。一位酒吧经理路过时，因为多看了他们一眼，就被这群少年流氓拳打脚踢，不到10分钟，已经命丧黄泉。这帮人仍不放过，还在他身上猛踢猛踩，直到面目全非。这4名少年被捕时居然声称只是闹着玩，其中一名14岁的女孩子还全程录像，第二天拿去给同学们炫耀。他们于2006年1月23日分别被判处12～14年刑期。1月22日，西伦敦公共汽车仓库发生大火，6辆双层大巴化为灰烬，经济损失高达200万英镑。这是一个15岁孩子纵的火，原因是好玩，因为很久没有见过着火了。布莱尔在记者会上表示，政府将采取进一步行动，促使警方加强与学校、家长和社区的合作，遏止青少年犯罪进一步上升。

社会如此，家庭亦然，英国家长有权体罚孩子。英国政府近日回绝了4名儿童事务专员要求政府明令禁止体罚儿童的呼吁，说应该由家长来决定是否体罚。去年收紧的法案，允许父母轻微地打孩子，作为一种"适度的惩罚措施"。布莱尔也多次承认，他的两个孩子在少年时期曾挨过巴掌。联合国和欧洲欧盟委员会都明确表示，所有体罚、殴打孩子的方式都必须定为非法的，但英国例外。我觉得英国人是从实际出发，没有严厉而适当的惩戒措施，学校秩序、社会秩序将出现失控。

原以为他们校长的权力十分有限，尤其经济权更是微乎其微，但事实并非如此，校长掌控了政府每年一次性下拨的学校经费，并且可以利用时间差使钱生钱，可以到外面"化缘"，并支配这些活络的开支。金斯福德学校就是这样，将每年三月政府一次性下拨的经费存进银行，产生利息，用于学校运营。同时，因为校长把这所学校办成中文课程特色学校，并且多次获奖，引来了英国外交部、英中文化交流协会、香港汇丰银行的支持，他们将这些资助用于奖励老师和学生，用于教师出国考察，用于行政支出的有效补充，比如增加招待费，我们一行11人对他们的考察，他们的招待费都是超出一般标准的。英国校长不再是毫无经济实权的校长，政府也改变了以往对经济统得过死的做法，采用承包制，根据学校学生的实际人数下拨经费，由学校自行使用，但经费的预算决算必须通过董事会审核，同时加强质检局的督导检查。这与上海的现状恰好相反，上海因为过去放得较开，所以现在要将经济权回收，学校采购物品都要申报结算中心，由他们负责采购。结果，由于缺乏有效监督，采购的东西物次价高，导致学校怨言很多。伦敦与上海在这个问题上，由对立的两极各自向相反的方向转变，我想这也有中间地带，完全走向原来的反面，未必是正确的。中国人的文化传统是各取其长，各去其短，是为中庸，中庸哲学、中庸策略其实是有道理的。

原以为他们的校长只管学校正常运转，不必操心教学质量，当一个潇洒而无多少责任的维持会长即可。但事实并非如此。他们的学生也必须参加统考，统考的及格率也是考察学校办学质量的重要指标，而且他们必须接受来自英国皇家督学全方位的督察，包括走进教师课堂听课，他们其实也不潇洒，也有很大压力。全英国的学校都必须接受质检局的全面检查，质检局已经成为令所有学校校长和老师头疼的对象，他们在接到质检局通知的两天内必须做好一切准备工作，提供一切规定必须提供的数据，迎接皇家督学第三天到来的督察。为此，教师面对不学习的学生、统考不合格的学生，必须采取措施，质量意识成为校长、老师应有的意识。

原以为发达国家的中学教师应该是一种不错的职业，薪水较高，享受中产阶级的优越待遇，但事实并非如此，按照他们的生活水准，按照他们的工资收入，充其量也只是温饱而已，从物价与工资比来看，远不及上海市重点中学的教师实际待遇高。研究生毕业通过教师资格考试才能在学校任教，工作5年税后收入每月只有1700英镑，学校拿最高薪水的是校长，年薪税前7万～8万英镑，扣税后实际到手只有5万英镑左右，而且，英国的教师没有工资以外的其他收入来源。而伦敦的物价非常高，两室一厅的房租，偏远市郊的每月是500～600英镑，普通地铁月票每月90英镑，其他开销也都非常大，所以一个教师除了维持正常生活支出，所剩不多。

三、对照中英教育

对照中英文化与教育，我有以下两点感悟。

首先，寻找参照系，将存在与教育联系起来看。

我们参观了英国许多地方，我们到英国来干什么？我以为是来寻找参照系，而不是参照物。系的概念就是系统的概念，我们应该整体考察，联系起来看，如果我们仅仅从一个方面来看，的确也没有什么，我们在伦敦教育学院所听的课，几乎没有什么有用的新信息，但从他们的现状、他们的结果来看，纵横交错地思考，又的确感到他们了不起的一面。他们的建筑物如此美丽壮观，保存得如此长久，不像我们不断地拆，不断地建，速成的往往是速朽的。剑桥之所以能保存下来，剑桥之所以有如此多的诺贝尔奖获得者，大英帝国之所以是大英帝国，曾经在世界舞台上占据统治地位，至今仍然是英联邦的领袖，英语之所以成了世界通用语言，与他们的教育有着必然的联系。今天的存在就是昨天教育的结果，教育不是万能的，教育不能改变许多人，不能改变许多现象，但从另一个角度讲，教育又是万能的，一切存在都是教育的结果，教育的正效应、教育的副效应都对现实产生效应，我们不能不研究他们的结果与教育之间内在的联系，这种将教育与存在联系起来考察的思维方式，就是我想说的参照系，也就是说不是孤立地看教育本身。

其次，建立大智慧，将功利放在历史的天平上称量。

伦敦培训让我们已经感受到一点英国教育的方式，一天下来似乎没有多少信息量，给学习者留下太多的空白，按照我们的习惯，效率优先，最大限度地填满空间与时间。哪一种更好呢？那天在自然历史博物馆里看到一所学校的小孩子，估计是初中生，三五成群席地而坐，一个下午就画了一些似像非像的玩意儿，我不知道我们老师、家长会怎么评价，起码是一个下午效率不高，这样评价算是够客气的了。我们很在意实际收益，并为之付出努力，因而获得了不少具体的功利，比如分数提高了，排名位置前进了，得到了许多荣誉称号，但我们失去了什么，没有人去认真地考究。从大的方面看，我们失去了孩子的创造性，我们失去了民族的创造性，我们失去了大功利，近百年来世界上重要的发明创造没有一项是我们创造的，我们这样一个人口大国是有愧于世界的，但这只是一个方面。另一方面是必然延缓我们的发展，中国人太累，得到的太少，和付出完全不对等，因为我们付出的是简单劳动，十几亿件衬衫换一架波音飞机就是典型的例子，我们加班加点生产DVD，却必须把其中大部分利润所得作为专利费交给别人，人家轻轻松松获得利润。当下具体的功利眼光使我们似乎获得了具体的也是微小的功利，但把这些放在更大的天平上，比如历史的天平上去称量，我们会发现我们失去了极大的功利，典型的占小便宜吃大亏。

走出国门，在英国伦敦为期一个月的学习考察，的确有许多收获，不虚此行。

英国特色学校的创建
——金斯福德学校考察有感

金斯福德学校是一所坐落在伦敦郊区的新学校，所在社区有很多移民居住，按照就近入学的原则，这些大多数来自非洲、几乎没有多少英语语言能力的孩子，走进这所学校就读。学校不是牛津，不是剑桥，不是伊顿公学，没有多少资源可资利用，没有悠久的历史，没有有名的教师，也没有出过有名的学生，没有腰缠万贯的校友，没有非常充裕的经费，可以说是一所各方面条件都相对薄弱的学校。这样的学校一般情况下能够勉为其难地维持下去也就不错了，要想发展，显然需要超乎寻常的办学思路，要创建特色，走出一条新的路子。那么，如何创建学校特色呢？

这所学校通过竞争招聘来的女校长是一位非常精明而务实的女强人。她很有想法，从培养目标入手创建学校特色。一般说来，确定培养目标基于以下几个方面：校长要有宏观思维，要分析把握教育与经济和社会的关系；校长要有超前思维，预知社会发展走向、社会发展的需求；校长要有微观思维，切实了解学校实际和学生实际；校长还要有正确的价值取向，即着眼于现代人的培养。

校长的办学思路是回到起始阶段，回归原点，思考金斯福德学校如何创建特色，可供选择的有体育、艺术、数学或科学学科，或者计算机。而学校的实际情况是：没有长久的文化积淀、优秀的学生及家长，移民众多、语言多种、文化多样——英语语言能力很差，地处伦敦东部偏远地带，多数家庭经济条件很差。如何选择突破学科，是一个有难度的问题。

学校最终确定以语言作为突破口来走出特色的新路子，这是一所语言薄弱学校，选择语言作为突破口，这是一种切合实际的逆向思维，也是很有新意的创新思维。选择外语作为突破口，体现全球视野，体现现代教育培养学生的国际交往能力、东西方文化交流融合的能力和意识。

接下来就是选择什么外语。可以选择一个西方强势国家的语言，如德语、西班牙语，但这些语言教学在英国已经非常普遍，已经没有新意，不能很快打出影响。可以选择一个东方国家的语言，比如日语或者韩语，但这些语言的使用人数不多，新意也不够。最后校长决定选择汉语，因为中国是一个迅速发展的国家，而且许多人还没有想到以汉语作为第二语言，因此很有创意，且符合社会发展趋势，中国经济日益壮大，影响到各国公民。

这样选择的好处是非常明显的，给学校的发展带来了强大的助力：学校获得了政府的支持，英国外事部门给予学校强有力的支持，学校以汉语作为第二语言，还获得了香港汇丰银行的大力资助。这些提升了学校的品位，扩大了学校的知名度和影响力。

做出一种选择是很容易的，但是把汉语学科的特色做好并不容易，学校采取的策略是：强调一个可行性，点面结合。所谓"面"就是，这所学校的学生人人都学汉语，普遍开课，但学的都是最基本的，也是完全可以学会的日常用语。所谓"点"就是，选择一些有语言天赋、有兴趣深造的学生重点培养，让他们参加汉语比赛，进而拿奖。这样很快就把学校的汉语学科特色打响了。随着学校汉语特色的知名度越来越高，中国人到此参观的也越来越多，中国学校与之结对的也有许多，学校进而形成了一种良好的汉语文化氛围，步入良性循环。

澳洲教育面面观

澳大利亚教育早期历史

现在澳大利亚的土著人已经基本住在城里，然而他们的祖先可不是这样的。

大约在 40000 年前，澳大利亚土著人的祖先从东南亚跨越印度尼西亚群岛，进入澳大利亚北部地区，以后又先后将足迹延伸到澳大利亚的中东部地区和东南部沿海地区。

这些土著人，以木器和石器为工具，具有旧石器时代的特征，以狩猎、捕鱼和采集野生植物为生。欧洲殖民者到来前，由于生产力水平低下，土著人没有创造文字，几乎没有什么社会分工，从事原始的劳动，社会等级尚未产生，无正规教育可言，教育、生活和劳动常常融为一体，但是他们依然实施了独特的教育。一般说来，土著人必须掌握四个方面的知识技能：首先，必须了解社会制度，明白个人应该履行的义务和应该采取的态度；第二，必须掌握有关自然环境的实际知识，比如辨别动物的足迹，寻觅狩猎的理想场所，挑选掘井的位置，配制药方等；第三，必须学会劳动技能，有些技能主要是由男人掌握的，有些技能则是由女人掌握的，比如男人必须学会制造武器，女人必须学会编筐；第四，必须学习传说、礼仪和宗教知识。

反复和模仿是基本的教学方法。在教学中，长者反反复复地讲述仪式、歌曲、舞蹈和宗教的意义。当人们表演世俗舞蹈的复杂舞步时，长者反复地讲解舞步和形体动作，孩子们在一旁进行模仿。知识的灌输是靠威吓完成的，如果孩子对教学活动三心二意，他们将受到各种惩罚的威胁。

在土著人的社会中，教育与生活是密切相关的，教育是生存的需要。这种教育无正规可言，亲属、智者、同龄人，甚至整个民族和整个部落都在通过形形色色的活动向年轻一代传授知识与技能。

人类文明史经历了三个大的阶段：第一阶段始于攀树的猿群从树上来到地上生活，前肢解放出来成为双手；第二阶段始于第一把粗笨的石刀被制造出来；第三阶段始于文字的产生。澳洲土著人经过了一个漫长的没有文字的时代，这对他们教育水平的影响是显而易见的。文字的产生是人类社会发展史上一次突破性的飞跃，它揭开了人类文明史的第一页。有了文字，信息的传递，思想、情感、经验的交流才突破了口耳相传或耳闻目睹的局限，突破了时间和空间的障碍。有了文字，人类的经验和智慧才得以记录并传给后人。文字将人类世世代代连接起来，使后代人从前代人的经验和智慧中获得启迪，吸取力量。文字加快了人类文明的进程，推动着社会进步。文字也为教育提供了强有力的手段。确切地说，人类真正的教育是从文字的产生才开始的。那些最早产生了文字的民族，便是最早给人类带来曙光的民族。那些最早产生了文字的地方，便是文明社会智慧之光的光源。相反，像澳洲土著人由于长时间没有文字，也可以这样说，他们生活在缺少智慧之光的地方，因而他们的经济和社会发展速度是非常缓慢的，他们文明进展的速度也是非常缓慢的。与其他民族相比，澳洲土著人长期处于沉睡阶段。可以这样说，最早产生文字的时间，便是人类文明史的开端。根据考古学家、历史学家和古文字学家的研究成果，我们现在已经可以确信，在世界各民族中，在公元前 2000 年以前便产生了文字的民族是古代两河流域的苏美尔人、古代尼罗河流域的埃及人、古代黄河流域的中华民族和古代印度河流域的印度人。这些民族都位于世界的东方，所以古代东方是世界文明的发祥地，是世界文化、教育的摇篮。当澳洲土著人和西方世界还沉睡在原始荒蛮状态时，古代东方的文化教育早已高度发达，光芒四射，成为人类文明的灯塔。是古代东方人把人类领进文明的世纪。如果没有东方人的智慧和贡献，人类不知道还要在黑暗中摸索多少世纪才能找到光明。捷克古文字学家赫罗兹尼在研究了地下文物和古代各种文字后，在他的著作《西亚细亚、印度和克里特上古史》（生活·读书·新知三联书店 1958 年版）中，以一个明确的结论作为全书的终结："光明来自东方。"

文献资料和地下文物证明，世界上最早产生文字的地方，也就是最早产生学校的地方，这些地方都在古代世界的东方。20 世纪 30 年代，考古学家在幼发拉底河岸发掘出了建于公元前 3500 年的马里城，找到了现在已知的世界上最早的学校的遗迹。学者们根据考古资料，还证明在公元前 18 世纪中叶的巴比伦王汉谟拉比时期，学校已盛行于巴比伦王国全境。在古代两河流域的学校中，教师已经有了专业分工，出现了教授苏美尔文的教师、教授计算的教师、教授测量的教师、教授图画的教师。这大概是公元前 2500 年阿卡德人征服苏美尔人以后苏美尔文和阿卡德文并用时期的情形。最初关于学校的记载是在公元前 2500 年以前的埃及古王国的史料中，这是一种专为王国官吏的子弟设立的宫廷学校。关于古代学校的文字记载，最早见于《孟子·滕文公上》："设为庠、序、学、校以教之。庠者，养也；校者，教也；序者，射也。夏曰校，殷曰序，周曰庠；学则三代共之，皆所以明人伦也。"这说明中国在距今 4000 年前便有了学校，但这未必就是最早的学校。最早的学校应出现在夏代以前，不过目前还没有地下物证明。古代希腊学校产生于公元前 7 世纪，它晚于苏美尔学校 2900 年，晚于埃及学校至少 1900 年，晚于中国学校至少 1600 年。而大洋洲可以说是世界上最晚出现学校的洲。

大洋洲是世界上最小的一个洲。在地球的七大洲中，它是最晚被发现的年轻的大陆，被称为"南方大陆"。根据澳大利亚的历史记载，在 1606 年，西班牙和荷兰的航海家确曾发现过南方大陆，他们认为这块大陆不适宜人类居住，没有登陆就弃之而去。已知到过这块大陆的第一个英国人是一个名叫丹皮尔的海盗，他于 1688 年在西北海岸的金海峡登陆。1699 年，他又重返原地进行考察，这块考察地被荷兰人叫做"新荷兰"。直到 1770 年才由英国海军的库克船长发现这块大陆的东海岸。回国后，库克与班克斯的联名考察报告并没有使英国立即派人到这块大陆，直到美国独立战争使英国丧失了美国这片殖民地后，英国急需另一块殖民地来流放犯人，才开始想到这块大陆。1787 年 5 月 13 日，英国海军上校菲利普船长统率一支由 11 艘船只组成的"第一舰队"，载着 1376 名男女，其中 732 名罪犯，迎着惊涛骇浪向澳洲大陆进发，船上仅有一个名叫理查德·约翰逊的牧师，他在海上航行的第二个星期天，以"咒骂之罪恶"为题目向囚犯们布教。为此，后人说澳大利亚的教育始于约翰逊的这次布教，它是从道德教育和成人教育起步的。

1788 年 1 月 26 日，"第一舰队"历经磨难，终于抵达澳洲大陆，以后人们把到澳大利亚的定居日（澳大利亚人称之为澳大利亚日）1 月 26 日作为澳大利亚国庆节。在人们的努力下，在新南威尔士、诺福克岛和帕拉马塔三个最初的移民点相继创办学校。1789 年，牧师理查德·约翰逊安排女囚伊莎贝拉·罗林在悉尼的一间茅屋里开办了一所学校；1791 年，他又指定另一名女囚犯玛丽·约翰逊在帕拉马塔创建了一所学校；1794 年，他在囚犯中物色到一位经验丰富的教师托马斯·麦奎因，任命此人担任诺福克岛学校的校长。澳大利亚逐渐有了州立学校、教会学校、军队子弟学校，殖民地教育真正起步。

这一时期正是西方一些国家的剧变时期，英国、美国、法国、德国相继确立了资本主义的统治地位，可以说，17 世纪至 19 世纪是资本主义制度由建立走向巩固、发展的时期。自然科学的成就，提高了人们的认识能力，也促进了教育思想、学校制度、课程设置、教学内容和方法等一系列有关教育的改革。启蒙运动者的教育理论成为教育改革的中流砥柱，推进了教育近代化的进程。这个时期，著名的法国启蒙学者猛烈抨击旧制度及其意识形态，呼唤、启蒙人民进行社会改革，同时批判旧教育，构建未来教育的蓝图。卢梭、爱尔维修、狄德罗等人，坚决反对封建等级制度，主张教育平等，抨击宗教愚昧和禁欲主义，提倡个性自由和个性解放，追求完美人格的养成。这些思想都对澳大利亚的教育产生了积极的影响。

澳大利亚联邦政府及州政府的教育职责

澳大利亚过去是英国的殖民地，19 世纪下半叶，各殖民地先后成立自

the first series
西方教育的近距离扫描

治政府。1901年1月1日，这些自治政府又组成澳大利亚联邦，成为英国的自治领地。1931年，英国议会通过《威斯敏斯特法案》，给予澳大利亚内政外交自主权，从此澳大利亚成为英联邦的独立国。1986年3月3日，英国女王在堪培拉签署了《与澳大利亚关系法》。根据此法，澳大利亚最高法院享有终审权；终止英国议会和政府对澳大利亚各州的权利，英国对澳大利亚的法律不再生效。

澳大利亚的政治体制以英国的议会制度为其立法机关的样板，以美国制度为全国政府和州政府关系的模式，澳大利亚联邦议会由众议院和参议院组成。众议院类似英国的下议院，有议员148名，任期三年，政府的总理也从众议员中产生。澳大利亚的参议院由76名参议员组成，任期为六年，每三年改选一半。澳大利亚实行三级政府制。范围广泛的全国性事务由联邦政府和议会负责处理，如税收、国防、外交政策、保健基金和政策、教育基金和政策、大学基金。澳大利亚共有6个州——新南威尔士州、维多利亚州、昆士兰州、南澳大利亚州、西澳大利亚州和塔斯马尼亚州，两个地区——北部地区、澳大利亚首都地区（含所属的杰维斯海湾地区，一说三个地区，将此单列），州及地区政府负责教育、健康、交通道路、治安等。市、镇、自治市和郡各级地方政府机构共有900个，实行定期选举，并更换执政党。从联邦到各州普遍实行内阁制和责任政府制。执政党在众议院中选拔政府部长。部长任期三年，集体向议会负责。内阁由总理（在州内称州总理）和主要部长组成。内阁会议是定期召开的不公开会议，决定重大的方针政策，是一个实权机构。澳大利亚政府设教育部，具体负责教育事务，制定总的教育政策。各州政府对本州的教育事务负责任，可以实行相应的政策、措施，推行教育改革，推进教育现代化的进程。1880年新南威尔士州制定了《大众教育法》，为所有儿童提供"免费、必修、非宗教"的教育，规定教育对6～15岁的儿童是必须的。就目前情况看，澳大利亚的政府教育经费拨款越来越少，学校接收的国外学生越来越多，以弥补教育经费的不足。

澳大利亚的教育政策

澳大利亚教育政策的形成，一方面是直接反映当前政府的观点，比如现行的移民政策，就来自执政党的观点，他们主张人才进口，现在澳洲技术移民占整个移民的70％；另一方面是间接反映不同政党的观点和理论，比如，吸收海外学生来澳学习，就来自劳动党的观点，被政府接受后，逐渐形成"教育出口，人才进口"的政策，用最少的投资，换取最大的效益。现在教育和旅游已经成为澳大利亚经济的两大支柱，各大学广泛吸收海外学生，一些中学也可以吸收海外高中学生，从而赚取相当大的利润。澳大利亚的教育政策特别注重对教育机构的管理和财政的控制，实行"教育出口"政策之后，国家大大减少对大学、中学的投入，拨款年年减少，收费年年增加，澳大利亚本土居民读书也是逐年增加缴费。1986年以前上学不交钱，现在澳大利亚国内学生所缴费用越来越多。这反映了澳大利亚执政党的观点。教育作为长线投资，短期内很难看到效益，执政党往往从自身利益出发，只看眼前。这与他们在竞选纲领中提出的教育政策并不完全一致，政党的竞选纲领是政党竞选机构各种活动的直接结果。政党为竞争席位，不得不与党内不同派别首先妥协，然后与其他联合党妥协，作出各种许诺。一旦竞选成功，教育政策主要反映执政党的观点，特别是位高权重人物的个人意愿，其中有教育部长的意见，部长智囊的建议，部长同僚的建议，政府总理的政策策略。各种社会团体对教育政策的制定也有相当大的作用，如教师工会、企业组织、学术团体，他们的积极倡导也会影响教育政策。比如教师工会在2000年国庆前一天组织教师罢工集会，要求政府增加中小学教师工资，并把当年教师工会的目标定位在：以罢工罢课为主要手段，争取提高工资。官方的各种机构对教育政策的制定也有一定作用，他们从自身需要出发，通过广泛调查，并且与基层组织对话，争取基层同意他们的主张。现在，作为政府代理并起监督基层作用的官方组织机构越来越多，他们观察分析、积极干预。而政府直接干预越来越少，因为政府干预越多，出资越多，政府下属的机构则广泛参与。现在澳大利亚教育及其他社会政治领域，权利与责任方面发生着较大的变化。各种媒体也是影响政策制定的一个重要因素，媒体一时炒作的热点或媒体长期关注的结果，都会影响教育政策。各种专业委员会对教育政策的制定有重要作用，有关法律的专业委员会及部门，还有各种学术性的专业委员会，或常务委员会，以及地方议会，都有相应的影响力。

教育政策有些可能来自相关组织或个人精心研究新知识、新信息、新原则、新方法的结果；有些可能来自重要人物的一时感受，比如在近期一次海外访问中进行相应的调查比较分析，产生"我们也应实行什么"的政策；有些可能来自传统的社会基础及其价值观，例如让土著人继续保持原有文化，就是土著人的观点。

总之，各种教育政策的制定及变化，是各种不同的政党、团体、个人在特定时期相互作用的结果。

澳大利亚联邦政府和州政府的教育政策有一定差异，既有外在的原因，也有内在的原因，既有历史的原因，也有现实的原因。澳大利亚一定程度上受欧美国家的影响。在欧洲共同体国家内，随着保证实现责任的新结构及新方法出现，教育政策制定权力逐渐转移到地方一级，各种教育政策的制定目前由少数实权人物掌握，这些有权力的人物通常不是教师，不是家长，也不是教育家。在美国，教育部长、州长比以前更直接地控制教育，而且越来越具体。澳大利亚中央政府和地方州政府权力机构之间的关系日益紧张，他们都想控制教育，意见常常不一致，虽然中央政府总体上控制着教育政策的主体方向，但是地方政府依然强烈要求把政策制定的权力下放到地方一级。

澳大利亚又有其特殊性，它是先有州政府后建立联邦政府，在联邦政府成立以前，澳大利亚各州的教育制度的法律基础已经建立，州和一个国家一样，它的政府不是由中央政府任命的，而是选民选出来的，法律、政策有相对的独立性。澳大利亚联邦政府是在1900年通过英联邦的澳大利亚法令后成立的，1901年1月1日开始实施其权力。该法令的通过，使6个殖民地区成为联邦政府的6个州，澳洲联邦政府与地方政府之间的关系是使人们对责任的观念及要求产生混淆的主要因素。第二次世界大战以后，联邦政府以成员身份参与到教育领域，在1949～1979年间，联邦政府以参与或代理的身份，在各州有目标地给予某些领域财力资助，并且全面资助高等教育部门。自1980年到1986年，联邦政府趋向于减少对教育领域的参与及投资。从1987年开始，联邦政府又重新对教育采取积极态度，建立了对中小学、学院和大学不同层次的支持，还建立了全国性的教育文化设施，比如国家图书馆，联邦政府通过提供给州政府教育资金以及各种援助，来改变或影响州政府教育政策的形成。

澳大利亚深度放权的政府教育管理

（一）州一级教育管理权的下移

澳大利亚的教育行政管理也在逐步改革，改革的方向是重心下浮，减少中间层面，使学校获取更多的办学自主权。澳大利亚学校管理权的下移开始于1980年代末，主要措施是进行教育管理组织的调整和重组。然而一开始，所谓的组织调整和重组，其结果就不尽如人意。因为权力的下移不仅致使机构更加臃肿，而且学校也没能由此获得更多的自主权，而改革的目标，即为学校提供更直接的服务却基本上没有达到。到了1990年代中期，澳大利亚人越来越感到，要让学校获得更多实实在在的办学自主权，真正实现权力下移，就要设计出一套有效的改革框架，否则便无法企求改革目标的实现。这样，新一轮改革就在探索改革框架中开始了，而新南威尔士州便走在这场改革的前头。

新南威尔士州的改革可以概述如下。

其一，进一步将管理结构扁平化。过去的管理结构由州学校教育部、20个学区和2000余所学校（不包括独立学校和教会学校）组成，这种呈正金字塔形的管理结构存在的首要问题是中间层的单薄，这制约了教育管理部门为学校提供教学服务的能力，难以满足学校的实际需求。1995年开始，大刀阔斧的改革主要针对学区一级。原来处于中间层次的20个学区被划分成 40 个更小的学区，这些新学区现在覆盖的学校大约有 55 所，由此产生的变化是，中间管理层得到了加强，学校得到的咨询和服务机会增多，学校与政府管理部门的沟通更为直接，整个管理结构也随着中间层的加强而显得更加扁平化了。具体说来，新南威尔士州的教育组织机构原有五个层次。

第一层：州教育部长（通过大选产生政府总理，总理直接任命部长）。

第二层：执行部长（一正三副，都是专业技术官僚，专职公务人员，不受大选影响）。

第三层：财务部、人事部、培训开发部、检查督导部、设备部、教育课程部。

第四层：整个州共分 10 个地区，每个地区都设有与第三层相对应的六个同类机构，他们直接领导学校。

第五层：学校。

1995 年改革以后，第三层全部取消，州教育执行部长直接面对地区和学校。重心下浮，权力下放，州政府教育部对学校的管理主要体现在：制定方针，负责拨款，请专家委员会制定教学大纲，为公立学校输送合格教师，政府派一名代表与教师代表、教师工会代表、家长委员会代表组成四人小组选聘校长，每年检查一次学校财务，每年督导学校一次（一名督导与校长谈话 2 小时左右）。除此之外，政府对学校不干预，少开会，不下达指令性任务，不考评，不检查，不评比。不干扰学校的正常工作，让校长有了充分的时间、精力管理学校，取得了很好的实效。

其二，削减教育行政机构的编制总数。在澳大利亚，学区并不与地方政府一一对应，学区实质上是州教育行政部门的派出机构，因而学区的编制数和州学校教育部的编制数是统一计算的，人员的薪水也是统一支付的。1993 年，全州教育行政编制数是 2468 个，1996 年减少到 2224 个，被削减的编制数共 244 个，占 1993 年编制总数的近 10%。编制的削减自然意味着行政开支的减少，但关键问题是，过去那么多的行政事务怎样才能让更少的人来完成呢？或者说，政府的管理事务哪些应该继续保留，哪些应该加强，哪些应该下放给学校？

其三，增加教育顾问和教学专家的编制数。顾问和专家人数的增加，目的很明确，它不仅意味着增加对学校服务的数量，而且意味着提高对学校服务的质量。这方面的变化主要表现在两个方面：一是在编制急剧减少的情况下，反而增加了教学服务官员的编制，仅在 1995 ～ 1996 学年，普通管理职位减少了 17%，高级管理职位减少了 41%，而提供教学服务的官员却增加了 32%。如果从州和学区两级来看，编制削减更多的是州一级；从普通管理职位和高级管理职位的对比来看，高级管理职位的削减幅度更大。二是新学区的人员组成也反映出政府服务意识的增强。每个学区有学监 1 名，课程（含识字、识数）咨询员不少于 4 名，负责技术咨询、学生事务、家庭联络、特殊教育、教职员事务的管理人员各 1 名，负责学校人事、工资、维修和卫生清洁的官员若干名，以及根据本学区特殊情况而特别配置的特殊顾问和特殊管理人员编制等，每个学区的编制总数在 20 人左右。由此我们不难看出，政府的意愿是期望通过配备更多的教学服务型编制，实现为学校提供更多、更直接的服务的目的。然而，大量的管理权又是如何实现下移的呢？

其四，通过程序化管理节省人力，提高管理效率。所谓的程序化管理，指的是目标设计的明确度高、目标实施的操作性强和对目标实现程度进行评估的标准化。具体表现在以下两个方面。

第一，于 1995 年开始的"教育优先发展目标"，即州政府为下一年度设计的学校发展和改革目标。比如，1996 年的优先发展目标是：（1）传授传统的价值观（包括守纪律、持有积极的学习态度、教学中要尊重人权、争取各门课程有好成绩等子目标）；（2）让学校变得更安全、更愉快（包括培训和支持教师、推进教师职业的专业化、提供课堂教学咨询、降低学生的缺勤率以及学校环境的安全、卫生和健康等子目标）；（3）以优异为目标（包括不同年级不同学科的教学改革、Eltis 教学质量标准框架的应用、提高职业课程的标准和适切性，以及改进高级学校证书，相当于完全中学毕业证书等）；（4）课堂教学的高技术化（包括为学校提供更多的计算机、使所有的学校联网、培训计算机教师、培养学生上机能力等子目标）；（5）为每一个儿童创造公平的机会（首先是男女性别、不同种族、处境不利地区和残疾儿童的机会平等，其次是保证机会平等的手段，诸如特殊教师的配备、资金分配、课后辅导等方面所给予的政策倾斜）。这些优先发展目标虽然是州学校教育部出台的，但对学校不具有约束性，学校只是以此作为参考，来制定本学校的优先发展目标。换言之，确定目标的自主权在学校，但州一级所提出的目标或多或少都会体现在学校的年度目标里。

第二，将很多管理事项纳入一定的规范和框架之中。就经费分配而言，经常性经费主要以注册学生数为基准，政府应该下拨多少经费给学校，学校可以获得多少拨款，只要知道了生均经费拨款标准，一切也都明白了。就人员招聘而言，一套相对固定的程序已经为社会所熟悉，从哪里获得招聘的信息，如何申请和向谁申请，准备什么材料，基本上都形成了一定的惯例，这种人员招聘的公开化既减少了随意性，也节省了时间。就校长管理而言，一方面是告诉他们如何做，比如如何制定年度计划和优先发展目标，如何撰写年度工作总结报告。在新南威尔士州，政府还为中学、大型小学和小型小学三种不同类型学校的校长提供不同的报告样本。另一方面，政府还将校长分成不同的职级，给校长创造不断晋升的机会，这样便避免了校长可能出现的事业到头的思想。由于校长面前始终有可以不断攀升的"梯子"，因此有了一个经常存在的激励源，过去的很多外部激励甚至变得多余了。例如，在维多利亚州，校长被分为五个等级；而在新南威尔士州，中学和小学的校长分别被分成若干等级，校长职级的存在将对校长的外部刺激变为内部刺激，同时也可以使校长的激励得到可持续发展。

其五，将学校外的管理方式引入学校管理中。近几年来，州教育部越来越多地利用项目管理的形式来推动学校的教育教学改革。项目常常由学校提出，这样主动权交给了学校，学校的积极性被调动起来，很多项目不仅有很强的针对性，而且具有独创性。项目审批和立项则由州政府负责，其后便是拨款和评估，尽管表面上主管部门的任务量似乎并没有减少，但项目管理的最大特点是规范化，而规范化与管理效率是分不开的。

（二）权力下移与学校管理的变化

上文的叙述足以反映澳大利亚州政府下放权力的决心，同时保证权力下放的动作也很有力度。那么，学校从这场轰轰烈烈的改革中得到了什么呢？或者说学校的自主权提高了多少，增加了哪些？对此，我们通过学校管理的变化这一侧面来反映这场改革给学校带来的实惠。

其一，学校工作的主动性得到了激发。由于学区和州教育行政机构不再像以前那样发号施令，学校突然发现路标和向导消失了，不再有人告诉你向东还是向西，学校管理的工作量有了明显增加。如果说州一级的优先发展目标可用作路标的话，那么现在向导不见了。学校要发展，得自己制定远景规划（mission），得思考本学校的办学思想（philosophy），得制定具有特色的年度优先发展目标（priorities）。而在以前，学校是可以不做或可以少做这些的。学校要发展，仅依靠经常性经费的拨款已经不够了，他们得寻找更多的财源，为此就得思考、设计并向特定部门申请具有竞争性的项目，就得与社区沟通，为社区提供更多更好的服务，并想方设法争取家长的支持，而这些工作过去似乎不完全在学校管理的范畴之内。学校要发展，自然离不开前面的两个前提，但更重要的是学校在消耗了诸多教育资源以后，应该并有必要给外界一个说法（accountability），这不仅需要学校实实在在地干出成绩来，而且要借评估等机会扩大学校的宣传。

其二，学校校长的工作职能正在发生变化。传统的校长职能似乎更多地局限在学校范围之内，更多地体现在教学管理上，而教育管理权力的下移却使得当今的校长职能发生了变化。为了与社区、家长甚至毕业生用人单位建立良好的合作伙伴关系，为了更好地宣传学校，为了获得更多的物质与非物质支持，校长的精力不得不更多地向校外分配；而从另一方面看，学校的主要工作虽然是教和学，这方面的管理只能加强，不能削弱，可是改革已经迫使校长的手向外伸出，无奈只好将其托付给副校长和教导主任。这就是说，校长已经把学校管理的核心内容推到最高议事日程以外，此事是对是错，尚难给予公论。

其三，权力下移推进了多样化教育的继续发展。教育的多样化可从两

the first series
西方教育的近距离扫描

个方面来谈：一是传统的积淀，二是现在的开拓。前者乃改革之前所形成，比如多样化的学校类型，在拥有 488 所中学的新南威尔士州，就有 99 所 SSP 学校（Schools for Specific Purposes），而这种学校又可分成技术、语言、学术选择性、表演艺术、创造性艺术、农业、体育中学等，以及高中后两年单设的高级中学等；而后者则是这次权力下移的直接产物，它的很多改革不是指向于学校的外部形象，而是扎根于内功的磨练，改革的幅度虽然不大，但不乏深刻性。为清楚地予以说明，不妨罗列几个案例。

（1）澳大利亚首都特区 Gold Creek 小学的学制改革试验。改革的背景是小学与中学教学一直不能很好地衔接，其原因主要在中学的分科教学，每个教师只教授一两门学科，而小学往往是包班教学，即由一位教师负责一个班级的全部教学。当小学生走进中学时，他们中的很多人便会出现不适应感，因为过去面对的只是很少的老师，而现在却一下增加到十几位。为解决这个问题，该学校提出学制改革的试验，即从小学拿出六年级，从中学拿出七年级和八年级，组成一种中间学校。在具体的教学中，逐年增加班级授课的教师人数。这项改革已经批准立项，家长的反映也很积极。

（2）维多利亚州墨尔本市 Glen Waverley 中级学院（由十一年级和十二年级组成的高中）的新教室改革试验。这项试验主要是应对信息技术对学校教学的挑战，改革的措施有：将传统的教室分成两部分，后面留出一个称作 Withdrawal Room 的同样装配着计算机的后备教室，让已经完成正常教学任务的学生在那里自学；将所有的房间，诸如教室、实验室、后备学习室、会议室、图书馆等配备计算机，并与学校的主机房联网，网上有学生可以查到的学习材料，学生随时可以在因特网上查询自己需要的信息；校园里各种房厅都按照其功能来设计，或大或小，或开放或半开放，或直线式或弯曲式，一反传统教室的千篇一律。这所学校的改革既给参观者留下了深刻的印象，又表现出校领导的远见和魄力。

（3）新南威尔士州 Elanora Heights 小学的"信息技术与环境保护"项目。该项目始自 1996 年 5 月，主要任务是通过因特网与国内外 360 所学校的 10000 名学生建立信息联系，然后将如何保持水土、如何使河水变得清洁等环保问题设计成问卷，送上信息网，得到信息反馈后，综合各种材料。这些被综合起来的材料也就成了设计本学校环保计划的参考依据。这个项目有422名学生参加，家长也给予了很多支持。它不仅激发了小学生对环保、对信息科技的热情，还获得了"国际学校计算机交易会"设立的环保奖的银奖。

（4）新南威尔士州 Murwillumbah 小学的"社会技能开发项目"。这项以"做一个好公民"为目标的项目设立了四个子目标，即自尊、关心和尊重他人、尊重他人财产和尊重环境，整个项目为期五年。项目的四大目标又被细分为若干个小标的，每个标的就是一项社交技能，每一项技能的实践时间是两个星期。技能主要有：得体地说话、赢得支持、公众演讲、打招呼、公平游戏、礼物交换、以磋商来化解冲突、小组决策、理解他人的情感、学会拒绝和控制自己的感情等。而学会这些社交技能的形式有合作学习活动、"交朋友"活动、"三思而行"活动、交通安全活动、反种族歧视活动、学生集会活动以及防晒活动等。每过一段时间，给各项技能连续表现良好的学生颁发证书，同时邀请家长参加对学生社会技能的评估，这样，技能的实践和巩固不仅仅局限于学校，而且被扩大到家庭之中。

学校各项改革的蓬勃发展说明了学校教育教学改革热情的高涨，而高涨的热情来自学校自主权的扩大和学校管理责任的增加。上述事例无不说明，要真正推行改革，把改革推向深入，就不能没有深度的放权。而要实现深度的放权，政府部门就有必要采纳切实有效的措施来作保证。可以说，澳大利亚的经验是值得我们思考的。然而，我们又必须看到，深度的放权不仅仅意味着管理权力的再分配，也意味着政府要把服务学校作为自己的工作重心，深度的放权也不仅仅意味着学校可以享有更多的自主权，更不意味着学校想干什么就干什么，相反，它意味着学校将承担更多的责任，意味着学校要更多地依靠自己的智慧和勤奋为学生提供更好的服务，意味着将学校的办学置于社会的监督之下。政府只负责规范化评估的部分，而将过去难以评估的内容交给了家长和社区。尤为值得一提的是，家长和社区的评估与教育行政部门的评估是有区别的，它不仅是全时空的，而且是立竿见影的，你若办不好学校，家长自然就会择他校而就。因此，深度的放权带给校长的是更多的坐立不安，带给学校的是更激烈的竞争。当然，激烈的竞争会不会发展到过分的地步，或者说这种竞争应不应该成为学校生活的主流，对这一问题的思考可能会有助于深度的放权的健康发展。而深度的放权到底是利多弊少，还是利少弊多，或者说，它能不能成为教育管理发展的共同趋势，更是值得我们继续关注的。

澳大利亚政府对教师的期望

澳大利亚政府对教师寄予很高的期望，他们认为高质量的师资能营造美好未来。澳大利亚教育部长在谈论教师时有一些精辟的话，可以说代表了政府对教师的期望。前不久，澳大利亚联邦教育部提出"联邦政府优秀教师创议"，教育部长肯普在全澳中小学校长协会会议上发表了题为"面向 21 世纪的教师·创造不同的未来"的讲话，对 21 世纪的教育改革及教师的作用进行了精辟的阐述。

肯普指出，学校校长是学校的关键，对学生、教师质量和教学革新具有重要作用。教学是极具专业性的工作，教师能把所有人变成具有一技之长的人。如果没有颇具资质、勤奋严谨和奉献精神的教师，要想为澳大利亚学生提供高质量教育的目标就将成为泡影。教育是创造澳大利亚美好未来的关键。未来取决于能为现代高技术和信息经济发展做贡献的有教养的青年。要实现未来，必须造就高水平的学生，并以强烈的期望、有序的工作和贡献以及任教于每个课堂的杰出的教师，去开发学生的潜能。这一点被全澳所有州和领地的教育部长们认同。为此，他们通过了"阿德雷德宣言——21 世纪国家基础教育目标"。这个目标支持寻求教育选择和满足教育渴望的多样性，反映了澳大利亚所有青年要求获得高质量教育的权利。

就像"国家基础教育目标"要点强调的，澳大利亚要实现这些目标，面临着一系列挑战。社会变革给教师和学校施加着新压力，包括满足土著居民以及文化、社会及经济背景迥异的其他学生的教育需求。经济需求给学生、教师和学校增加了新压力，要求他们加强基本技能、批判意识、创新能力、终身学习、技术科学修养，以及着眼未来的有活力的知识。后者还影响着儿童的发展和学习，要求更多地提供新型的教育和教学方法。澳大利亚教师清醒地认识到了这些挑战。"面向21世纪的教师"的创议是推动教师前进的历史车轮。

肯普说，政府重视向青年传授知识和技能的关键作用，教师们正在为教育的公正性奋斗。正像我们帮助学生获得高质量的教育一样，我们也支持教师帮助所有学生发挥最大潜能。

联邦政府为加强学校教师的技能提供了有力的支持。为提高教师质量，政府强调以下若干要点：开发资源，支持"国家识字和数算计划"的实施；促使全体学生提高识字和数算成绩；提高教师教授土著学生英语识字和数算的水平；建立教材和相关的教师培训发展基金，支持公民和企业关注科技教育；推进科研成果创新和跨越课程领域的校内实践，如识字、数算、信息技术、企业职工教育和反毒品教育；改进学校领导状况，建立管理项目基金；进行关键课程领域，如科学技术教育和历史等课程的评估；规划教师专业发展的措施，调查学校教师培训的状况，设立具有教育劳动力特色的统计档案。

"面向21世纪的教师"创议像催化剂一样，将进一步促进教育机构和教师提高质量，增加"高效学校"的数量，最大限度地提高学生的学习效果。

"高效学校"代表着澳大利亚教育的未来。它是"国家基础教育目标"的组成部分，它以明确的和不可置疑的水平，指导学生提高学习能力，提高公众对学校教育的信心，并以之衡量和评价学校的效能及公正性。"高效学校"以校长、教师和员工的非凡贡献满足客户、学生和家长的需求。

模范教师和优质教学是造就"高效学校"的关键。"高效学校"要优化学生的学习成果，必须把注意力集中在课堂教学、教师专业学习机会、高效课堂的组织、适当干预及特别帮助措施、有力的家庭学校社区联系，以及强有力的领导和管理等方面。

国际研究证实了国家在提高教师技能和加强优秀教师影响力方面所做的投入的价值。政府关于教师质量的观点有着广泛的社会基础。

联邦政府今后三年将提供 8000 万澳元支持"面向 21 世纪的教师"创议的实施。其中用 7400 万澳元支持教师提高质量，用 150 万澳元支持学校领导提高质量，用 200 万澳元提高学校管理质量。此外，尽快划拨 3000 万澳元支持教师实现提高质量的战略目标。

"面向 21 世纪的教师"创议的总体措施，将在"教师质量项目"下，促使许多教师更新技能，进一步完善自我，迎接信息社会和高技术环境的挑战。

联邦政府 1999 年主持的研究显示，每 12 名教师中有 11 名参加了提高专业技能的培训项目。联邦政府目前所关心的是那些没有参加培训或参加培训十分有限的教师。特别是学校里近 10% 的教授土著学生的教师，只参加了一天以上的专业培训。"面向 21 世纪的教师"创议将填补这些漏洞。对于 10 多年前毕业，目前在教授识字、数算、科学、信息技术和职业教育的教师，将给予优先培训的机会。"面向 21 世纪的教师"创议还对从事弱势群体教学的教师，如教授土著、城镇边远地区学生的教师优先给予照顾。

州和领地政府及非政府教育当局，在支持"教师质量项目"的实施活动中，也将发挥重要作用。州和领地政府及非政府教育当局将采取以下措施，对学校进行支持：进行和拟就以成果为基础的评价与报告，支持以成果为基础的教育的转移；以学校为基础的学习活动以及学校的系列配套项目。

肯普在讲话中强调，澳大利亚广大教师具备高技能和奉献精神，澳大利亚从未具有过如此高质量和经验丰富的教学力量。要大张旗鼓地承认和祝贺教师们的成就。继续支持他们，确保他们训练有素。肯普希望所有从事教育事业的青年支持"面向 21 世纪的教师"创议的实施，高质量的教师将造就国家的未来。

澳大利亚民主、简洁的学校行政管理

澳大利亚的学校行政管理有两大鲜明的特色，那就是民主、简洁，因而取得高效。

所谓民主，主要体现在家长、教师工会、学生参与学校管理，特别是家长和教师工会对校长还有一定程度的制约作用。先说家长，澳大利亚中学家长委员会组织机构的形成有较长的历史。19世纪末和20世纪初，家长组织受到法律的承认，有了合法的地位，家长通过各种渠道，以各种形式参与公立学校事务，同时逐渐形成较系统的组织形式，学校、各州、全国都有家长委员会的组织。各个州制定的《教育法》中，对学校家长委员会的组织成员的人数、成员的产生、任命的程序、承担的职责、义务和权利等方面都有明确的规定。这既从政策法规上给予保障和确认，又使家长委员会在参与学校管理的过程中有法可依，有章可循，确保家长委员会参与学校管理的工作正常有序地开展。

各校都成立家长委员会（有的学校称家长咨询委员会），家长委员会的人数在12～17人不等，其中5名代表由选举产生，4名代表由地方教育当局任命，2名代表由母亲俱乐部举荐，5名代表由地区视导员和校长共同从地区有关人士中推荐出来，1名代表由地区视导员担任，根据规定，校长出任家长委员会秘书。选举前校长务必发布安民告示，将选举的日期和地点通知全体家长，在家长聚会上当场选出代表，代表任期一般为2～3年。家长委员会选举产生自己的主席和司库，根据规定，家长委员会的主要职责是：（1）照管学校校舍和场地，签订维修校舍、场地和教师住宅的合同，按照条文规定，将校舍或场地出租给校外组织以创收；（2）保证学校的清洁卫生；（3）改善学校的福利待遇；（4）保证师生健康舒适的学习、工作环境；（5）保证学生准时到校；（6）促进教师与家长的合作关系；（7）代表学校开展募捐活动；（8）调动公众对学校教育事业的兴趣，宣传学校的需求；（9）向教师提出改进教育工作的意见；（10）对学校事务特别是在学科建设方面提出咨询意见；（11）参与制定本校学生的职业指导计划和就业计划；（12）参与招聘本校校长；（13）参与制定学校发展规划；（14）参与总结学校工作，参与报告撰写。

根据制定的职责，澳大利亚中学家长委员会有权利较广泛地参与学校的管理工作，而学校校长在某些工作上也非常需要他们的参与和支持，所以校长和他们的关系融洽，合作愉快，对家长委员会开展的工作表示满意。家长委员会为了履行好职责，又必须组织开展一系列活动。家长委员会组织开展的活动主要有以下几个方面：

（1）每月一次定期召开家长委员会会议。

（2）参加学校的重大活动，如学校发展的信息发布会、学校开展的大型活动、教育开放日、演讲会、学生的毕业典礼等。

（3）发动家长自愿参加学校的义务劳动，如为学校小卖部义务工作，为学校义务搞清洁卫生和整理操场草坪等。

（4）为学校争取更多的办学资金。一是向政府呼吁，二是发动家长自愿募捐。

（5）关注学校的教育质量、师资质量和教师待遇问题，向政府、学校提出意见和建议。

澳大利亚中学家长委员会组织对澳大利亚中学教育产生了深刻的影响，在某种程度上也推动了澳大利亚教育的改革和发展，帮助、协助政府和学校解决了大量的教育问题。因为越来越多的家长意识到，学校面临着诸多问题，但这些问题绝不是学校可以单独解决的。同时，州《教育法》制定的相关条文，也为家长委员会组织开展活动提供了合法的依据。

澳大利亚家长委员会在参与学校管理工作中有以下几个特点。

1. 参与学校管理工作的总体意识强。

（1）参与学校教育管理的自觉意识强。

澳大利亚从小学至高中阶段（凡公立学校）都实行义务教育，政府在保证教师工资经费外，其他方面的拨款控制较紧，有些学校在办学经费方面也有捉襟见肘的时候。家长委员会代表学校每学年组织发动家长开展募捐活动，家长基本上持积极支持的态度。如 Garlin Gford 男女混合中学，是一所普通的公立的完中。校长谈到尽管实行义务教育，但仍有 80% 的家长愿意为学校募捐。而学校在每学年年度总结报告中有专题内容：一是写清收到家长募捐钱额的总数，二是写清募捐到的钱的开支用途。年度总结报告家长人手一份。

家长委员会的成员大多为男性，为了体现母亲们对孩子、对教育的关心，各个州都成立了母亲俱乐部等辅助家长组织，配合家长委员会开展募捐等活动，争取为学校多筹集一些办学资金。

在澳洲，学校有一个共同的情况，那就是学校小卖部（也供应学生午餐）中都有人数不等的家长参与其间的工作，学生家长自愿轮流参加，义务为学校、为学生服务。有些学校还组织家长到校参加公益性的义务劳动。家长们没有因此而感到是一种额外的负担，他们认为是合情合理的，觉得应该为学校做些工作，体现出一种自觉的、主动的参与意识。

（2）关心学校整体发展的意识强。

学校的年度总结报告中都写到家长委员会参与学校管理所发挥的作用。如悉尼恩平男子中学（Epping Boys High School）的年度报告中写道：学校鼓励家长参与学校管理，学校有一个非常活跃和兴趣浓厚的家长组成的坚强核心，主要参加以下几方面的工作：参加市民联合会议和妇女联合会议；参与学校发展的消息发布会、家长会以及学校开放日、演讲日的活动；家长参与管理饭厅、教室以及协助进行阅读项目的管理；召开新教师、学生的座谈会，有的学生家长还参加高三年级的毕业典礼。

Hornsby女子精英学校的家长委员会的功能非常多，他们几乎参与学校所有的事情，工作非常好。

学校家长委员会积极热情地参与学校各方面的管理和活动，他们把教育看成社会中最重要的事情，认为孩子受教育的情况，不仅关系到孩子的利益、家庭的利益，也关系到国家的利益。为此，他们不仅仅关心自己孩子受教育的情况，更关心学校的整体发展。

（3）尊重学校、尊重老师、尊重孩子、尊重教育规律的意识强。

澳大利亚中学开设的课程名目繁多，内容丰富，教学的形式多样化，教学的自由度非常大。学生可以自己支配的时间多、空间大，可以选择学习的科目也很多。家长委员会及家长们尊重学校，积极支持学校开设的各

the first series
西方教育的近距离扫描

类课程。许多学校设立了专项课程设置的捐款，用于学校改善办学条件，添置必要的设备和仪器等。

学校教师希望家长尊重孩子的选择，发挥孩子的个性特长，不要强制、强迫孩子做不愿意做的事。家长也正是在这样一种教育环境和气氛中，接受教师的观点，学会尊重教育规律，尊重孩子的选择。学校教育观念的进步和家长教育观念的进步是同步发展的。

2. 参与学校重大事情的决策。

（1）参与制定学校发展的三年规划、年度办学计划和年度总结报告的撰写工作。

学校的年度办学计划和年度总结报告完成以后，发给家长人手一份，增强学校办学的透明度，使家长了解学校的办学情况、办学质量和财政收支情况，并针对学校的情况，提出一些意见和建议，从而使家长委员会能更好地参与学校的管理工作。

（2）参与学校重点工程项目建设的决策及项目建设整个过程的管理。

如悉尼恩平男子中学，计划在最近两年要建造一所礼堂，为此成立了一个四人领导小组，其中有一位是家长代表。领导小组成员对礼堂建造的全过程要制定出周密的计划，四人分工负责其中的一项任务。家长代表负责资金的募集工作。这些工作都是义务的，但作为家长代表，他认为这是自己的职责和义务，乐意参与。

（3）参与对学校副校长人选的选择与决定。

澳大利亚中学副校长人选来自两个方面：一是本校教研室主任做出成绩后，晋升为副校长人选；二是向社会招聘。在选择和确定副校长人选的过程中，要成立一个考核领导小组，其中必须有家长代表参与。

从上述方面可以看出，家长委员会已经渗透到学校管理的方方面面，在提高教育质量，争取政府及社会各界对学校的资助，推进学校教育管理等方面，起了非常积极的作用。

澳大利亚教师组织是工会性质的，澳大利亚教师联合会是全国性的教师组织，也叫澳大利亚教师工会，它有权召集各自为政的州教师组织聚在一起讨论某些特殊问题，评价某些活动的利弊得失，并制定全国的教育政策。通过这个组织，各州可以齐心协力，目标一致地完成全国性教育任务。澳大利亚教师联合会主要关注公立教育以及教育系统中的教师问题，向联邦政府争取额外的教育经费，调查各种教育问题，构思全国教师的合理工资结构。长期以来，该联合会赢得了教育界和社会的广泛尊重，它的意见引起了政府的加倍重视。可以预见，该联合会在教育领域的作用将与日俱增，广大教师将对它寄予更高的期望。

在澳大利亚，各州都建立自己的教师组织。组织名称各异，层次也有高有低，但都是教师工会性质的。新南威尔士州教师联合会是各州教师组织的典型代表。自成立那天起，它就是一个积极进取、努力参与和富有战斗力的组织。在提高教师地位的斗争中，被誉为各州教师组织的领路人或旗手。联合会的会员分散在各地方协会，按各人的工作区域划归各地方协会，各地方协会又分散在各学校教师工会。

教师工会在学校当中也起着举足轻重的作用，澳大利亚的每所学校都有教师工会，学校教师自愿加入教师工会，教师工会会员一般每年缴纳一周工资（有的每年缴纳 150 澳元左右）给教师工会。教师工会保障教师的合法权益不受侵犯。一般学校有 90% 左右的教师加入教育工会，各州都有教师工会，每校有一名州教育工会代表。教师工会在人事上有较大的权力，参与选聘校长的四人委员会，对选择校长起着重要作用。教师只要不吸毒、不对学生性骚扰、不体罚学生，教师工会有权否决校长对教师的处罚。教师工会在经济上也有较大权力，监督学校的经济开支，限制校长随意奖励教师。他们认为同样级别的教师要拿同样的工资，享受同样的待遇，校长不能以任何理由为借口，随意奖励少数教师。教师工会参与学校重大项目的论证、组织工作，参与学校的规划制定、总结报告的撰写。教师工会有权组织教师罢课，1999 年已经有过几次罢课，2000 年 1 月 24 日在澳大利亚国庆节前夕，又组织教师罢课，要求政府提高教师工资待遇，并声称当年度将以此作为教师工会的工作重点，直至政府妥协。

学校充分调动学生参与学校管理的积极性，发挥学生代表组织的作用，学生对教师有一定的选择权，学校在作出与学生切身利益相关的决定

the first series
西方教育的近距离扫描

时，要充分听取学生组织的意见，充分发挥学生论坛的作用。

应该说澳大利亚的学校管理，注重从人出发，关心人、关心实现目的的人，考虑方方面面人的代表性；关心文化，关心学校自己的优良传统，努力创造实现教育目标的有利条件。这充分体现了学校管理的民主性，但是问题的另一面也要看到，澳大利亚教师工会有行会的特征，只要交纳一定数额的会费，它就为你说话，在高举维护教师合法权益的旗帜下，搞平均主义，教师干多干少一个样，干好干坏一个样，使得校长拿工作态度不好的教师毫无办法，一定程度上起着保护落后的作用。

澳大利亚学校行政管理的第二大特征是简洁。首先是管理层面少，管理机构简洁。学校设正副校长，一般一正一副，或一正二副，八个教研室（有的学校九个），每个教研室设主任一名，校长和教研室主任组成校务委员会，实施学校的行政管理。学校会议少，目标单纯明确，效率高。学生会议每周一次，每次十分钟，由校长或副校长讲话，通报学校的有关情况。学校教师会议，每月四次，每周一次，每次会议一小时：第一周教研室会议；第二周全校教工大会，校长阐述自己的观点；第三周民主讨论会，全由老师发言，校长不发表意见；第四周学生问题讨论会。第三、四周讨论的问题反馈到校长室，校务委员会研究解决问题的方案，在下个月第二周的会议上由校长宣布。讨论会上限时发言，一般 3～5 分钟，过时切断电源（澳大利亚参众二院的会议亦是如此），以提高发言的效率。学校公文的起草也是简洁明了，让人一目了然。例如悉尼恩平男子中学的三年规划（2000—2002 年），非常简明扼要，有以下栏目：主要内容和要点、期待结果、关键活动、执行时间、负责部门和责任人。规划非常清晰，容易把握。学校的年度总结报告也一样，简明扼要，公式化，条理化，摒弃多余的赘言缀语，干脆利索。总结报告的内容包括：报告用途（一般两句话）和四大部分。第一部分是学校特点，内容主要包括学校简介、学生入学情况、教职员工状况、学校目前的优势和目标、学校学习科目和特点、家长参与情况、当地使用学校设施的情况、帮助学生的项目、社区给学校的服务和支持、财政收支、志愿者给学校的捐助、校长评语，每个要点用 2～6 句话概要小结介绍。第二部分是学生成绩和学校工作情况，包括学校和学生的成绩、学校的基础状况（学生原有的能力状况、学生发展状况）、初中生毕业情况、高中生毕业情况，每个要点用 4～14 句话介绍。第三部分是学校的发展目标，包括教育技术发展、学校教育发展、图书馆作用、学校物质条件、学生福利条件、特殊需要的学生的条件、学生参与管理、学生社团、环境等，每个要点用 4～8 句话来阐述。第四部分是学校的办学特色，包括教育需要的特殊要求、特殊规定、新技术手段和通讯设施、年级顾问委员会、学生志愿者和学生社团、师生论坛，每个要点用 4～8 句话介绍。年度总结报告总共 12 页，由五个人起草，包括四名教师、一名家长。

年度总结报告简洁明了，他们不做无用功，讲究实效，减少不必要的浪费，以求工作高效。

澳大利亚的公立学校与私立学校

澳大利亚早期是由政府和教会共同承担教育的责任。澳大利亚的教育受英国影响较大，有教会学校，有公立学校，它们之间常有许多矛盾产生，政府对教会学校的态度也经过了支持与不支持的几番变更，矛盾也是多方面的。教会学校间也有矛盾。由于不同教派本身就有矛盾，为争夺下一代，不同教派的教会学校之间的矛盾不可避免。教会学校与公立学校的矛盾，主要体现在教育观念上，即自由民主的世俗观念与宗教教义的矛盾，还有经济的因素等，如各州的政府曾几度取消对教会学校的资助，又几度恢复对教会学校的有限资助，条件是必须在政府注册，接受政府的领导与检查。

澳大利亚总共拥有 10000 所学校和 300 多万名学生。公立学校有 7400 所左右，私立学校有 2500 所左右。私立学校大多数是教会学校，其中天主教学校最多，70% 的学生在公立学校就学，30% 的学生在私立学校就学，私立学校的学生人数不断增长，引发了公立学校与私立学校之间的竞争。

公立学校和私立学校在办学方式、招生制度、特殊教育、政府资助上有相同和不同之处。

公立学校招收不同性别、不同种族、不同阶层和不同区域的所有儿童，向他们提供相似的教育，各州之间很少有差别。近年来有所改观，教育部允许学校在统一教学大纲的框架内，有一定的课程设置权力。私立学校的办学风格千变万化。天主教学校由天主教教育办公室监管，按主教区开办学校。许多私立学校以英国公学为办学楷模，带有贵族学校的遗风。

各州的私立学校和公立学校都要接受统考，教学大纲是一致的，不过，宗教课程通常是教会学校的必修课。

公立学校有义务接纳所有申请者入学。私立学校大多提供住宿条件，入学是有标准的，取决于名额的多少、支付费用的能力、学业成绩、选拔考试的成绩、宗教派别等一系列标准。公立学校免收学费，但要交书费和杂费。私立学校收取学费和其他费用。州政府从财政收入中拨出大笔专款资助公立学校。私立学校也从政府（主要从联邦政府）那里得到半数以上的办学经费，联邦、州、地区政府都对私立学校校舍的建立和教师的筹备提供资助，其他开支依靠学生的学杂费支出。联邦政府大约承担 1/5 的政府办学经费，州政府承担 4/5 的政府办学经费。一般来说，进私立学校，每个学生每年要交 7000 澳元；进公立学校，每个学生每年要交 300 澳元。

由于近年来私立学校注重专业训练，注重学生个性的健康发展，注意将个性发展与取得高分保持平衡，学术水平高，纪律严明，校舍漂亮，体育、艺术、戏剧和辩论等课外活动广泛，师资稳定，现在要进私立学校的人越来越多。以下是新南威尔士州 1997 年、1998 年学生注册情况。（见下表）

新南威尔士州 1997 年、1998 年学生注册情况（单位：人）

年　份	1997年		1998年	
学校性质	公立学校	私立学校	公立学校	私立学校
小　学	451560	161267	452565	164245
中　学	308923	149229	309137	152984
特殊教育	3690	964	3673	1074

而在 1970 年代中期，私立学校学生占全部学生的比例仅为 21% 左右，

进入私立学校的学生与日俱增，一个重要原因是校长负责制，教师任免权掌握在校长手里。

公立学校以前是由州教育部指定任命校长，后来改由经过一定的选聘程序，州学校教育委员会指定任命校长，一般是由有一定资格资历的副校长、校长担任，没有担任过副校长的，不能担任校长。公立学校的校长，没有教师的任免权，对不称职教师的处罚受学校教育工会的牵制。

澳大利亚政府虽然积极支持私立学校，对每所私立学校都根据学生人数予以一定拨款，但总体看来，政府是减少教育支出，花少量的钱，吸纳大量社会资金用于教育，办高质量的中小学校。这是一本万利的好事。

澳大利亚的远距离教育

澳大利亚的一位历史学家曾经说过："距离是澳大利亚的特点，就像山脉是瑞士的特点一样。"澳大利亚的面积有 760 多万平方公里，人口大约 2400 万（2013 年统计），大多数居住在沿海的 10 个城市中，是一个高度城市化的国家，内地人口稀少，满目荒野，平均每平方公里不到三人，是世界上人口密度最低的国家之一，乡村、小镇间距离之大，造成了行政管理及教育上的问题。面对这种状况，澳大利亚政府对远距离教育一贯采取非常积极的态度，他们认为远距离教育不仅是澳大利亚普及教育的有力措施，而且是一种十分有效的教育形式，同时又是一种节省教育开支的途径。开始是利用广播电台进行函授教育，雇用少量教师，每天负责播送广播课程，布置函授作业，并且批改学生寄来的作业。后来逐渐发展，运用电视、因特网进行教学，这种学校在澳大利亚被称为"信息交流学校"或"空中学校"。为弥补这类学校中低年级学生缺少人际交流的缺憾，学校要求学生定期到校面授交流，增进师生之间、学生之间的情感交流。远距离教育既有初等教育，也有高等教育。远距离教育为偏远地区的人受教育提供了方便，同时也为因工作关系无法就读全日制学校，或因自身残疾无法正常入学的人提供了教育方便，实现人人都享受教育的权利。澳大利亚远距离教育源远流长，举世闻名。

the first series
西方教育的近距离扫描

信息技术的发展给现代远程开放教育带来了机遇和挑战，及时提高新技术在远程教育中的应用是现代远程教育发展的关键。目前世界上广泛应用的个人电脑、cd-roms 及各种软件、Internet 网络和电信网，为学习者提供了前所未有的学习手段和方法。新技术的远程教育模式在克服空间、时间、资源等方面有其自身的优势，代表着教育未来发展的趋势。

在空间方面，远程教育缩短了学校与学习者之间的距离，将数据压缩、文本、图像、音频及视频信号等高速传递到不同地点。在时间方面，教育机构在提供一些"实时"课程的同时，也提供一些"虚时"课程，即允许学生在方便时访问课程教学和教材，课堂外师生之间及学生相互间可以同步交流（在某指定场所或通过远程电话会议、Internet 聊天室等），也可以异步交流（如通过定期的信函、电子邮件、计算机公告版等）。在资源方面，近来数字图书馆、联机书店和计算机化的数据库的发展，使用户如在现场一般获得远程服务；课程主页（home pages）汇聚了众多有关资料，引导学生快速定位和连接，学生可通过下载来获取学习资料。目前，在澳大利亚除远程学习机构外，传统的大学正在有效地应用远程学习和独立学习的方式来推行其成本革命，远程教育已成为高等教育的主导方式，其结果是传统高等教育和远程高等教育形态之间的差异正在消失。如西澳的莫道克大学（Murdoch University），就可看作澳大利亚远程教育中的"综合模式"（integrated model），即由分散在全国的高校聘用同样的教学人员，同时提供校内外两种模式（on-campus and off-campus），提供同样的课程设置，授予同样的学历证书。学生可同时在校内学某些课程而在校外学另外一些课程。随着环境的变化，学生还可以在两种模式之间随时变换，最近的发展是两种学习模式都增加了计算机的网上学习（online computer mediated learning）。

选择远程教育的学习者往往有多样性和多层次性的特点。按学习目标的内容分类，青少年是为进入社会做好更充分的准备，成年人中有的为了求得更好的职位或胜任当前的工作，有的为了更好地承担角色，有的为了发挥自己的能力或发展自己的兴趣爱好，有的为了休闲、健身等。按教育类型分，有的为获取一定层次的学历文凭，只是为了不断充实自己，追求自身的发展。澳大利亚在远程教育中，力求满足不同对象的需求，有主要传授正规课程，培养专业人才，学生毕业后可获毕业文凭和学位的大学与高等教育学院；有通过远程教学传授非学历课程的高等技术继续教育学院，它们适合社会的需要和个人的愿望开设了广泛的课程，为技术、工业、商业、管理、行政等部门培养了广泛的人才。这些课程涉及面广，能帮助求学者更新知识，掌握新技能。澳大利亚每天有 100 多万人参加继续教育课程学习。这些课程的培养目标、设置和学员类别，呈多样化趋势。有面向移民的英语课程，有面向专业工作者的专业课程，有面向中青年的高等教育课程和职业教育课程，有面向大众的闲暇课程和兴趣课程，还有帮助人们交换工种和更新知识的短期培训课程。

远程教育应用卫星、电视、录像、计算机等现代通讯媒体实施远程教学，使学习的课程可以跨越时空，伸向受教育者所处的任何地方。学生可以根据自己的特点、条件和职业需要选择专业与课程，通过各种渠道接受多媒体教学，以获得知识和技能。就教育对象来说，他们不受年龄、职业和学历的限制。所以，远程教育是发展终身教育，实现社会化学习的良好途径，是一个向全社会、全民族和人的终身全方位开放的新的教育体系。它的开放性是保证远程教育先进性的最为重要和核心的因素，它能使任何人在任何地方以任何方式和形式进行学习。

澳大利亚的学制

澳大利亚的中小学教育主要由各州政府负责，州与州之间的学制略有不同，新南威尔士、维多利亚、塔斯马尼亚和首都堪培拉地区实行小学 6 年制，南澳、北领地、昆士兰和西澳实行小学 7 年制。

小学教育一般从 6 岁开始，不过，孩子在 5 岁时可进入学校接受学前教育。在小学阶段，主要学科有英语、数学、科学技术、人文科学和社会环境（主要是历史和地理）、创造性艺术和实用艺术（主要是音乐和美术）、个人发展健康和体育（主要包括道德教育、成长过程教育、性的教育、营

```
                        ┌──────────┐
                        │   博士   │
                        └────┬─────┘
                        ┌────┴─────┐
                        │   硕士   │
                        └────┬─────┘
                        ┌────┴─────┐
                        │   大学   │
                        │  (学士)  │
                        └────┬─────┘
```

技术学校 (专科/短期培训证书)		技术学校 (专科/短期培训证书)
商业学校 (专科/短期培训证书)	商业学校 (专科/短期培训证书)	

7～10年级	中学	11～12年级

```
                        ┌──────────┐
                        │   小学   │
                        │  1～6年级 │
                        └────┬─────┘
                        ┌────┴─────┐
                        │  学前班  │
                        └────┬─────┘
                        ┌────┴─────┐
                        │  幼稚园  │
                        └──────────┘
```

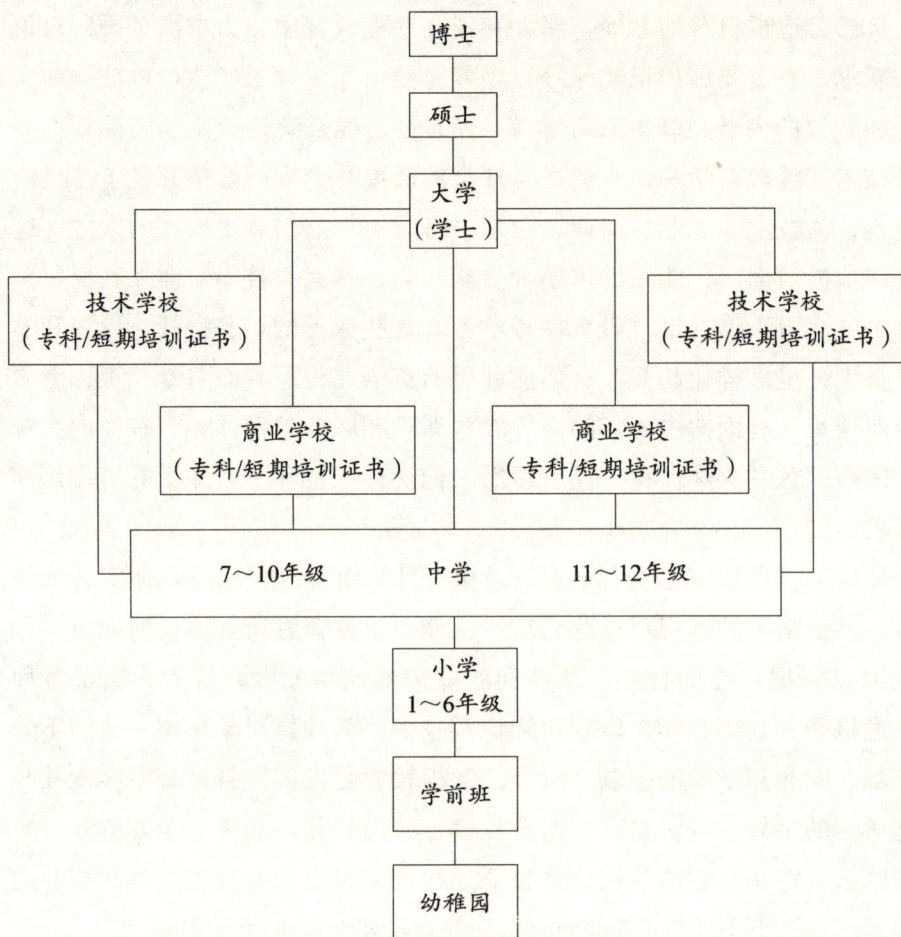

澳大利亚教育体制简图

养学常识）等。小学除数学外，没有统一的教科书。

中学教育一般从 12 岁开始，学制有 6 年制和 5 年制。中学阶段由 7/8 年级至 12 年级，学到 10 年级毕业后发中学毕业证书，相当于中国的初中毕业，学到 12 年级毕业发高中毕业证书。主要学科有英语、数学、科学、人文科学及其环境、外语（非英语）、技术性实用科学、创造性艺术、个人发展健康（含心理、生理方面的）和体育。大多数学校在 10 年级开始有选修科目，学生可以根据自己的兴趣和将来的发展志向选读适合的课程，学生也可以与职业辅导员讨论应该修什么课。

澳大利亚的中小学实施义务教育制，15 岁前的教育是强制性的。州政府颁布教学大纲，学校按大纲要求组织教学，学校根据实际情况，如果要增设课程，必须提交州政府批准，不得随意增减。

澳大利亚的成人教育和职业教育是很有特色的，澳大利亚政府对成人教育的目标和政策是：所有成年人，不论任何背景和处境，不论任何年龄，都享有学习的权利和接受教育的机会。他们的理念是，终身教育是促进社区建设和整个文化与经济发展的关键，政府将尽力支持和满足地区与个人学习之需，以建造一支有文化、有技术、有活力的劳动大军。TAFE（Technical and Further Education，职业技术教育学院）是澳大利亚成人教育和职业教育方面的主力军。澳大利亚共有 90 个 TAFE 学院，1100 个授课点分布在澳大利亚各州。它们不仅提供劳动市场所需的职业培训，也提供更高水平的专业培训。TAFE 可颁发学业证书、文凭以及学士学位证书，其学分也被许多大学承认。比如新南威尔士州成立技术和进修委员会，为新南威尔士提供职业教育和培训。这个委员会的作用主要有：提供教育所需的基金（这种教育的主要基金来源是公共基金），设置教学大纲，颁发毕业证书。委员会主要由教师、州政府教育部的官员、家长代表、大学代表构成。委员会工作非常民主，代表各方意见，独立领导，争取相关机构的支持。成人教育的教学原则主要有：以学生为中心，以学生为主体，以学生的需要为基础安排课程，将学生的经历融进教学内容之中，协商式学习，进行相关及有目的的教学活动，发挥学生的自主能力，学生是积极的参与者，开展小组讨论式的学习。

澳大利亚大多数大学是依国会立法设立的，《高等教育法》于 1990 年颁布。澳大利亚共有 38 所大学，最著名的有 10 所，它们是：悉尼大学、新南威尔士大学、墨尔本大学、莫纳什大学、澳大利亚国立大学、阿德莱德大学、西澳大学、昆士兰大学、麦觉理（一译为麦夸理）大学、卧龙岗大学（一译为伍伦贡大学）。许多大学有好几个校园，每个校园进行不同的教学活动和研究不同的科研项目。各大学侧重点不同，但都提供各式各样的职业和专业课程，学生可获得从副文凭到博士之间不同的学位。澳大利亚大学采用学分制，获取不同的学位需要修满所规定的学分。学习方式比较自由，学生可根据自己的具体情况而定，有全日制学习、半日制学习、网上学习、远距离学习等。大学学制一般3年，双学位或有些学位需要4～5年。一年有两个学期，每学期之间还有一到两星期的间歇，有些学校在12月到来年3月的暑假里也安排课，以使学生节省时间，早日毕业。大学录取主要根据州政府所组织的高中会考成绩加上平时成绩。各校有不同的录取分数线。据悉，录取方法将有所改变，以后学生可直接参加报考大学的考试，学校根据学生的考试情况以及各专业名额录取学生。据有关调查显示，澳大利亚本科生完成学业率为60％，日本是90％，英国是81％，美国是63％。澳大利亚未完成学业率最高的是农业和艺术专业的学生，最低的是卫生健康和兽医学专业的学生。

澳大利亚大学的录取制度比较灵活，许多研究生课程都对没有学位的人士开放，申请者具有相关工作经验和其他资历，也可以被考虑录取。研究生的教学时间和地点也比较灵活，很多课安排在晚上，有些课浓缩到周末或在工作场所上课，以方便学生。

澳大利亚的大学具有良好的学习环境，先进的教学设备，平等的师生关系，和谐的课堂气氛，多样的教学活动，灵活的教学方法。特别突出的是，他们学制灵活，构筑了人才培养立交桥，秉持终身教育的理念，随时可进各类学校，无论是八十老翁，还是二八少年。

中国同澳大利亚教育体制对比简表

	中　国	澳大利亚
小　学	1～6年级 主修汉语和数学	1～6年级或1～7年级 主修英语和数学
初　中	初一至初三 主修汉语和数学、英语	7～10年级或 8～10年级 主修英语和数学
高　中	高一至高三 主修汉语、数学、英语 文科选修历史、政治 理科选修物理、化学	11～12年级 主修英语、数学 选修自己感兴趣的科目或 选修与自己所报大学专业相关的科目

高中毕业	参加高考，根据高考成绩申报大学和专业，大学按分数从高到低录取	12年级时参加各州的联考，根据自己的联考成绩及高中阶段所选修的相应科目，自己申报大学和专业
大学入学条件	高考成绩，录取率较低	综合考虑联考成绩、中学选修科目的成绩及个人素质，录取率很高
大学本科	四年或五年获学士学位	三年获学士学位，四年可获荣誉学士学位（相当于我国的研究生学历）
研究生入学条件	参加全国统一入学考试，分数合格经导师面试录取	自己申请
研究生	两年或三年获硕士学位	授课式：一年可获研究生文凭，18～24个月可获硕士学位；研究式：两年或三年可获硕士学位

澳大利亚高中课程改革

　　课程是教育思想转化为现实教育实践的载体，课程质量是教育质量的核心。建立严格的，外部评价的，和学生学习的需要、兴趣及能力相一致的课程体系，是澳大利亚高中课程改革的基本内容。下面以新南威尔士州为例来分析澳洲的课程改革。

　　与我国高中教育采用全国及省市统一编写的课程教材相比，新南威尔士州的高中课程教材编写呈现多样化的特征。现阶段课程和教材主要由州学习研究会、技术及继续教育学院、大学中的教育院系和高中共同设计与组织，并以州学习研究会和学校确定的课程教材为主。

　　在新南威尔士州，各高中有权决定本校课程开设，根据本校的情况选择和编写教材。实践表明，从总体上来看，拥有这种办学自主权有利于调动学校和教师的积极性与创造性，充分利用学校的教学资源，产生有特色和适合学生的课程与教材。不过，在具体实施过程中由于各校师资情况的差异，一些课程教材存在严重的质量问题，因此建立课程标准以规范课程和教材建设势在必行。

the first series
西方教育的近距离扫描

（一）课程标准

为了确保课程的质量，便于外部检查和指导课程编写实践，制定了高中课程标准。其内容主要有：（1）详细地解释学科内容的性质，包括知识、技能和能力；（2）明确地陈述课程的理论基础及教学目的；（3）审视国际、国内相应课程的研究和实践；（4）确定学生预期达到的学习结果；（5）明确评价学习结果的标准；（6）确定学生学习该课程所需的预备知识及建构预备知识的方式；（7）指明学生运用学习结果的方式方法；（8）提供外部和内部评价的过程及标准；（9）说明该课程和其他相关课程的关系；（10）说明该课程的需求情况；（11）分析开设该课程对学校整体时间安排的影响；（12）提供开设该课程学校已有的合格教师的数量；（13）确保学校有足够的教学资源来保障课程的开设。

根据以上标准对新南威尔士州高中已开设的课程进行评估，州教育和培训部决定对部分高中课程作以下调整：

（1）取消自然科学和人文科学群中的"普遍研究"课程。原因是这门课程完全是为了满足从以上两个学科群中各选一个单元课程的考试需要。此外，这门课程和其他七门课程存在大量的内容重叠。

（2）取消科学和数学学科群中的"应用研究"课程。原因是该课程和其他课程，特别是与数学和科学课程有相当多的内容重复，对于那些试图在数学领域和科学领域内选取一个单元课程作为高中文凭课程的学生来说，选择"应用研究"课程不能满足该学科群的基本知识、技能和能力要求。

（3）重新评估和修改"生活管理"课程。原因是这门课程对学生的未来具有潜在价值。但根据新的课程标标准，应该删掉该课程与其他课程重叠的一些内容。

（4）取消各学科群中的"高难度"的课程。原因是这些课程面向极少数学生，内容过于专业化，往往超出学校教学资源的限度。但为了发展学生的潜能，中学将与大学协作，支持一些学有余力的学生在学习高中课程的同时，选修大学低年级课程，成绩合格时可以获得大学承认的学分。

（二）课程结构的改革

根据课程改革的标准及几年来高中教育教学实践，新南威尔士州教育部门发现，现有的根据学科群建立的八大重点学习领域的课程结构并不合理。特别是将一些分化的学科人为地综合在一起，不利于教师的教学和学生的学习，不利于课程内容的深化和拓展，造成学习高级课程学生人数的下降。有鉴于此，新南威尔士州决定在高中课程中取消按学科群划分重点学习领域的课程结构，将采用一项新的课程结构，这种结构以学科为基础，每一学科由两门课程组成，其中一门课程为两单元的标准课程，另一门课程为两单元的高级课程。学科内的两门课程，约有三分之一的内容重叠，这些重叠部分构成标准课程的主要内容。高级课程则包括一些有一定深度和广度的内容。

学生可自行选择标准课程或高级课程，但同一学科内的两门课程则按同样的行为量表进行考评。量表的内容和评分上将确保成功地完成高级课程的学生比完成标准课程的学生分数高，以此鼓励学生学习高级课程。

这种新的课程结构，具有明显的学习导向意义，它能促进学生学习的深入，能保证学生尽可能地选择高级课程，能提高师生关于学习成就的期待。

根据新的课程结构，新南威尔士州将对高中课程进行调整和改革。例如，英语课程的改革将包括以下内容：将高中文凭课程中的英语科目确定为唯一的学生考试必选科目，将英语分为两单元的标准课程和两单元的高级课程；在高中文凭课程中开设两单元文学课程，定为必修课程，使学生在文凭课程中学习四单元的英语；在高一为基础差的学生开设基础英语课程；在高中为英语为非母语的学生开设"第二语言的英语"课程，并使课程达到高中文凭考试的要求。

澳大利亚的特殊教育

特殊教育是适应那些身体或智力有残疾的孩子的教育。

澳大利亚最早的特殊教育是由一些志愿者自发组织的。悉尼的第一所聋哑学校于 1860 年成立，墨尔本的第一所聋哑学校于 1861 年成立，墨尔本的第一所盲人学校于 1866 年成立，墨尔本的第一所残疾人学校于 1927年成立。早期的特殊教育主要适应身体有残疾的孩子们，一般智力残疾的人被送进医院，他们很少受到教育。对轻度、中度智力残疾儿童的教育开始于第二次世界大战以后。他们的教育理念是：每个人都是平等的，残疾人也是人，我们必须相信所有人的价值都是一样的，不论智商高低，不论身体残疾与否。对残疾儿童的教育是非强制性的，以教育动员为主。澳大利亚联邦政府参议院于 1970 年成立健康和福利常务委员会，这个委员会建议政府为以下项目提供基金：残疾儿童的学龄前教育；适合学校年龄残疾儿童及残疾青年的教育；为了满足残疾儿童的需要，对教师和一般工作人员及专家进行培训；对残疾学生进行职业培训。澳大利亚政府于 1972 年成立了澳洲学校委员会和澳洲学龄前学校委员会，在两个委员会的邀请下，联邦政府向州和地区提供了额外资金以采纳常务委员会提出的建议，这部分额外的资金使州和地区能够满足以下项目的需求：容纳由志愿者发起的特殊学校；资助教师获取特殊教育的资格学历；为教师提供适当的助手；筹建更多的特殊教育设备并改进现行设备。联邦政府为大学和其他高等院校提供更多的资金，以建立特殊教育研究中心，提高并增加教师培训项目。联邦政府参与特殊教育的特点之一是它的鼓励政策，鼓励有残疾的学生在正常学校接受教育，这是目前所有州和地区的官方政策。联邦政府于 1986 年颁布实行了《残疾人服务法》，并鼓励非政府机构提供资源来帮助残疾人拥有正常人的生活和工作环境。所有学校必须为残疾学生提供帮助，反对歧视残疾学生，法院有人权委员会，谁歧视残疾人，就把谁告上法庭。州教育机关一旦发现有残疾人就马上介入帮助。最近几年，政府和教育界人士主张在条件许可的情况下，尽可能让残疾儿童回到正规学校学习或者在家里接受特殊教育。新南威尔士的教育培训部为残疾学生提供了一系列服务项目，如早期特殊教育、小学和中学的特殊教育、技术学校的特殊教育、大学中残疾学生的教育，经过艰苦努力帮助残疾学生从学校过渡到工作和成人生活。州教育委员会为残疾学生设置特殊的教学大纲和课程计划，为教师培训特殊教育的教育学，并规定每个教师都有义务到特殊教育学校任教一年。政府提高从事特殊教育的专职教师的社会地位和工资待遇，鼓励并表彰他们的工作成绩。教师对残疾儿童的教育，也遵循由简到难、循序渐进的原则，从实际出发，多用动作和实物辅助教学。对智力低下的儿童，尽量让知识简化，培养他们的自理能力、信息交流能力、社会交流能力、工作能力等，让他们多实践、多和社会交流，不断正面鼓励他们，同时也教育社会中人，让他们自愿、自然帮助残疾人，为残疾人的健康成长和正常生活提供一个良好的环境。

澳大利亚的体育教学

澳大利亚非常重视体育教学，从政府到学校，从社区到家长，从教师到学生，都重视体育运动，澳大利亚人热爱体育。

在中学阶段加强体育教学，首先，从理念上已经突破了原来单方面的身体素质的健康，而把心理和身体两方面的健康，作为体育教学的目的。教育部规定的体育课的教学内容包括：人的成长及发展过程、人的物质构成及作用、人的意识、人的生活方式、个人选择能力、人际关系、人的运动意识、运动技巧、如何求生、如何提高健康水平、禁毒教育，等等。体育教学在澳洲意味着个人全方位的健康发展。

其次，有充足的课时保障。每周有一个下午的时间专门进行全校性的体育运动，共两节课，每节 75 分钟。除此之外，教育部还有严格的规定：7～10 年级（初中年级）必须满足 300 小时的教学，7～10 年级的学生必须在每两个星期内修三节体育课（每节 75 分钟）；9～10 年级或 11～12 年级对体育感兴趣的学生可以选修其他体育课。

第三，有丰富多彩的体育活动。澳洲公立学校体育活动的主要形式有：年级体育比赛、社交性非正式比赛性质的运动、学校运动会。年级体育比赛是在每周一个下午（一般是周三下午）的运动时间举行，同一个地区的七八所学校同一年级之间举行比赛，学生着学校运动校服进行比赛。每年有两个比赛季节——夏季和冬季。夏季的主要比赛项目有板球、水球、网球、篮球、乒乓球、触身法橄榄球，冬季的主要比赛项目有橄榄球、足球、曲棍球。学校的代表队将参加州内选拔赛，比赛中表现突出的学生将被选到地区或州的中学联队或澳大利亚中学队。参加年级比赛的往往是竞技水平高的学生，其他的学生在这个每周一个下午的运动时间里，则进行社交性非正式比赛性质的运动，这些学生在学校或学校附近参加体育活动，主要有攀岩、举重、丛林跋涉、板球等。这些学校组织的活动都是免费的，每个学生都必须着学校运动服参加。这个时间里学生也可以交纳一定的费用参加社会上各种体育俱乐部的活动，学习某种技能的体育运动，如击剑、武术等。学校每年举办三种运动会——游泳、田径、绕全国长跑（即象征性长跑），每个运动会都选拔出代表队参加地段运动会，地段运动会中选拔出代表队参加地区运动会，再从中选拔出代表队参加全州运动会。

第四，教师全员参加是重要保证。在澳大利亚，体育课并不全是体育教师的事，事实上体育课常常是由在体育方面有特长的其他教师来任教的。Hornsby 女子精英学校的一般教师都要兼上三节体育课（每节课 40 分钟）。全校除校长外，所有教师都要参与，或组织，或当裁判，或作教练，人人参与，每个人都必须承担一项任务。

第五，社会、家长大力支持，新闻媒体广泛宣传。一般报纸常常有大量篇幅报道体育方面的内容，体育英雄享受很高的社会礼遇。社区为学生提供条件良好的运动场馆、设施。在澳大利亚的城市里，一般开车 20 分钟肯定能找到运动场。家长也非常支持学校的体育教学，事先填写孩子的健康状况调查表和志愿书，对激烈运动可能带来的身体损伤给予理解。很多家长常常利用假期带孩子进行各种体育锻炼。

澳大利亚的学校体育教学是很有针对性的：肥胖及不活动的学生人数在增加，他们认为体育对保持健康是非常重要的，它能提高个人学习的效率和抵抗疾病的能力，使学生充满活力，因此要充分利用闲暇时间加强体育运动；针对澳大利亚青年自杀率上升的现象，他们在体育课中进行人际交往能力、心理疏导方面的教育；针对男青年中出车祸造成伤亡比率高的现象，他们在体育课中进行行车安全技能方面的教育；针对青少年中吸毒现象增多的现状，他们进行禁毒教育。

总之，通过体育教育，使学生懂得个人的健康、安全、营养的知识及公共健康与利益的关系，认识到积极的体育活动对于良好的生活方式的重要性。通过体育运动比赛，使学生以作为学校集体的一员而自豪，对成功和保持成功产生期望，保证学校具有良好的精神气质，同时通过比赛也培养学生良好的公平竞争的素质。

澳大利亚能力本位的职业培训

20 世纪 80 年代，因为贸易状况的恶化和原来传统的支柱产业的衰弱，澳大利亚经济发展受到了严重的影响。在促进经济振兴和工业重建的过程中，澳大利亚政府意识到了改革职业教育与培训体系、扩大培训对象、提高培训绩效的重要性。1989 年 4 月，澳大利亚就职业培训问题召开了各州、区部长级特殊会议，达成了改革的共识，拟定了《国家培训改革议案》(*the National Training Reform Agenda*)。根据这次会议要求，成立了国家培训部（National Training Board），由其指导开发国家能力标准，在此基础上建立起能力本位的培训体系（Competency-Based Training System）。可以说，澳大利亚职业教育方面的改革，最重要、最核心的内容，就是确立能力本位的培训体系。

澳大利亚能力本位职业培训的产生和推广，自始至终得到了联邦政府、各州和地区政府、产业界和工会的大力支持。之所以如此，是因为这种新的培训体系和方法克服了澳大利亚传统的职业培训体系和方法的弊端，具有自身的特点，顺应了澳大利亚在职业教育与培训方面的下列需要：（1）全国在职业培训管理与职业资格证书方面协调、统一的需要；（2）保证培训使学员获得相应职业能力的需要；（3）面向社会提供更丰富的系统培训机会的需要；（4）认可通过非正式的教育与培训而获得的技能的需要；（5）使职业与工作实际紧密结合的需要。

能力本位培训（Competency-Based Training）简称 CPT，作为一种职业培训方式，它突出地强调了培训结果，即学员受训后实际具有的操作能力，这意味着其培训思想从传统培训强调培训过程中转变了过来。这种培训关注的是学员能否达到行业中具体的能力标准，而不是个人相对于同组中其他人的成绩水平。能力本位培训的目的在于提高工作现场的操作水平。这里的"能力"通常用客观的能力标准来表示。能力标准确定以后，通过与这些标准相比较就可判定学员的成绩水平，而不考虑学员所花费的培训时间的多少，也不去与其他学员的成绩水平作比较。在能力本位培训中，培训结果是可以预期的，是与工作场所的操作任务直接相关的。

所谓国家能力标准，就是按照就业中要求的操作标准，就其所涉及的知识、技能及其知识和技能的应用所作的明确说明。为使能力标准不局限于太琐碎的任务之中，澳大利亚能力本位培训体系特别强调了迁移能力和在新异情境中运用知识与技能的能力。因此，能力标准必须包括：（1）完成个别任务的特定要求（任务技能）；（2）在工作范围内处理纷繁复杂的任务的要求（任务处理技能）；（3）处理日常工作中的故障与突发事件的要求（应急处理技能）；（4）在与人共事中正确处理个人责任与个人期望的要求（角色处理技能）。

到目前为止，澳大利亚开发的国家能力标准已经覆盖了一半以上行业岗位。这些国家能力标准都有一个共同的表述格式，以确保一致性和全面性。其格式中通常包括以下内容：（1）能力单元——能力标准中的某项具体的能力；（2）能力要素——该能力单元的基本构成组块；（3）操作标准——明确说明操作所应达到水平的评价性陈述；（4）适用范围——该能力单元适用的职业范围；（5）检验情境——对学员进行能力评估与检验的情境。

澳大利亚能力标准体系描述了不同能力水平之间的区别性特征。高级水平的能力与低级水平的能力的主要区别性特征为：（1）独立决断能力的提高和工作活动范围的扩大；（2）应急处理范围的扩大和工作复杂性的提高；（3）责任范围的延展；（4）所要求的知识基础的复杂性增强；（5）管理和其他功能的要求。

澳大利亚培训课程的编制强调要有利于积极的学习，要明确地说明学习进程的各个阶段，要注意所要求掌握的知识技能之间的整体联系。另一方面，在培训课程与能力标准之间，强调必须有不断的横向参照，把握好二者的关系。

　　一般认为，模块式的课程（modular curriculm structures）结构较适合灵活地组织学习活动，以满足不同学员的个别需要。一个模块就是一项具体的学习内容，一种相对独立、可以单独测试的技能。尽管在确定课程计划时总体上有一个大致的时间安排，但是每一个模块的学习是没有固定时间限制的。因此，在不同的学员之间，学习进程是有很大差异的。

　　澳大利亚能力本位培训体系确立的目的之一，就是要提高职业培训的灵活性，强调在不同的学习情境中可以采用不同的学习策略，以适合不同的学习风格、学习兴趣与需要，以及学习机会的变化。

　　下列培训形式均可视为灵活培训方式的例证：（1）在工厂、社区、街道或家里等地方接受培训；（2）主要以学习辅导材料为本，兼以指导；（3）应用一些培训技术手段来扩大培训面，增加培训机会；（4）通过扩大受训机会、扫盲计划、多重取证机会和联结性课程等方式，拓宽职业培训机会。

　　这种灵活的培训方式旨在面向社会扩大培训机会，提高培训系统对个人、行业和社区的不同需要的适应性。应当承认，多年来，这种灵活的培训方式在培训系统内一直在以不同的形式被使用。但在能力本位培训体系中，这种方式获得了新的生命力。主要是由于新的培训体系确定了以能力标准为培训的目标，使得各州和各区的技术与继续教育培训系统可以根据各地区受训人员的不同需要开发适宜的培训程序、学习策略。

　　由迪肯大学（Deakin University）联合几所 TARE 学院开发的培训管理技术方案，就是实践中的一种较灵活的培训管理方式。该方案贯彻能力本位培训思想，充分考虑到产业界和学员们的需要差异，在培训中使用能力本位的结构性课程，不同水平层次的课程与不同的资格证书、文凭直接挂钩。因此，学员在任何时候接受任何一种水平层次课程的培训并取得相应证书后，均可结业。同时，由于承认学员原有的学习经验，故学员也可以随时重新进入培训系统，在已有的能力基础上开始学习。

　　该方案在借助现代通讯技术的基础上，开发了一些灵活的培训管理技术，保证学员在24小时内均可学习：（1）提供自定步调的远距离教育材料，主要是书面材料，辅以视听资料；（2）学生可利用家里或工厂里的电脑与电话，随时与大学里的电脑主机联系；（3）使用计算机学习管理软件来考察学员对每个技能模块的掌握情况，并予以记录；（4）利用计算机通讯网络，学员和培训指导老师可以通过电子邮件取得联系。

该方案推出后，各方面反映都较好。许多大公司利用这套技术作为提高工人的生产知识与技能的有效手段；对于学员们来说，不必离岗就可以接受培训学习，便于他们协调工作、家庭与学习的关系。

澳大利亚的"未来学校"

澳大利亚政府和教育部门已充分认识到当今的社会正处于急剧变化、发展和面临世界的挑战中，急剧变化和发展的社会对学校教育提出了更高的要求：适应学生——未来的人力资源发展的需要。与此同时，学生家长也要求学校教育要对为下一代提供高质量的教育负起更大的责任。维多利亚州政府教育部制定了关于中小学教育改革的"未来学校"计划，进行全面的教育改革，目的是要通过教育改革，直接向学校提供更多的教育经费，让学校有更大的办学自主权，教育部只是对学校工作的整体框架提出指导性意见。教育改革计划与传统办学做法最大的不同之处在于学校的教育教学、财政管理等权限全面地下放到各个学校。各学校可以自行决定学校工作的实施，并且根据社区的需要、学生的兴趣和充分发挥教师的才能办出学校的特色。要通过教育改革来实现全面提高学生的学习质量的最终目标。

"未来学校"计划的主要内容有以下几个方面。

1. 建立学校理事会。这是教育改革计划进行的基础，也是维多利亚州公立学校系统的一个重要组成部分。由学校校长、教师、家长和社区成员十多个人共同组成的学校理事会对学校的各项事务有着较大的决定权。每所学校理事会的人选构成是根据社区情况和各地方学校的具体需要来确定的。学校理事会的职责是：制定学校的教育教学政策、任用校长、雇用非教职人员、制定学生的行为准则、审批学校经费预算和开支情况以及发展规划，并监督实施情况。

2. 制定学校的章程。学校的章程是学校理事会对学生实施高质量教育的核心文件，是根据各学校、社区的需要和学校理事会的意见来制定的。它由学校理事会制定，校长负责具体实施。每所学校制定的章程都全面地反映了该学校的历史和传统，还包括学校的教育哲学观、教育价值观、教育目标、重点考虑的教育教学活动、教育改革的内容、学校教育教学计划、学生的行为准则、学校的经费预算等诸多方面。学校理事会通过向家长咨询和调查，让所有学生家长都有权利和机会参与拟定学校的章程，这是教育改革计划中最具革新意义的内容。学校的章程制定出来后就成为学校理事会与校长之间的正式协议，也成为以后三年内教育经费拨放、教育质量检查的基础。

3. 聘任教职员工。通过实施教育改革计划，维多利亚州成为澳大利亚目前唯一允许公立中小学校长自行聘任教学人员的州，这改变了过去各地方学校教师聘用全都由教育部决定的状况。其运行程序是：首先由包括学校理事会成员在内的地方委员会来挑选、任命中小学校校长，任期为五年。校长的责任是通过出色的学校管理和教育领导来提高学生的学习质量。作为学校的领导者，校长权限的扩大是教育改革计划中的一项重要内容。教育改革计划实施以来，现在的校长对学校教育教学目标、课程计划的制定，财政管理，教职工的聘用等诸多方面的工作显然要比以往切实负起了更大的责任。任用校长后，再由校长和高级教师委员会共同组成学术考核小组对全校教师进行考核后任用。各学校若有教师缺编名额，则在报纸上登广告，进行公开招聘，全州具有相应资格的教师都可以申请这些职位，校学术考核小组最后根据对申请人的教育教学能力和成效的考察来决定任用与否。由于有了这样大的自主权，学校就可以从教学目标的达成、课程设置的要求以及学生的培养等方面来全面地考虑合格教师的任用。

4. 学校综合预算制度。过去，学校理事会和校长只能掌握全年学校财政经费的 6%，而通过实施教育改革计划，现在学校几乎可以掌握支配全年所有的学校经费。教育部每年把总经费一笔划拨到学校，使学校能够全面地考虑教育工作的安排，决定本年度教育经费的使用。这改变了以往学校每年得到的是七零八碎的经费，造成学校经费的管理使用缺乏计划的情况。现在学校经费是按各学校的总人数划拨，额外的费用则根据学生的实际情况而定。如对身心发展有障碍的学生、非英语背景的学生，学校能从教育部得到额外的教育经费。农村、边远地区的学校也可以得到附加资助的教育经费。从1995年起，教育部还向办学规模较小的学校和低年级的学生提供附加的教育经费，对学校的科技活动、非英语课程也提供教育经费。

5. 课程改革。课程改革是教育改革计划的重点。自1970年代以来，学校的课程计划、补充及评估都由州教育部直接控制，各学校没有任何自主权，但随着教育改革的深入，随着学校教育管理权限的下放，对课程的管理也由地方学校负责。1980年代以来，维多利亚州教育部门已制定出有关中小学课程的一些文件，涉及中小学课程的英语、英语以外的语言、科学、技术、数学、艺术、个性发展、社会教育以及学校课程和组织等方面。这些文件着重于教育的哲学思想，解决为什么的问题（the why）；着重于教育学思想，解决如何做的问题（the how）；但对于解决是什么的内容问题（the what）重视不够。尽管这些文件对有些课程的内容范围也规定了大致的框架，但所有文件对广大教师所关心的在教学中所应传授的概念、原理、知识，教育教学过程的智力、技能发展等问题涉及不多，相应地对学生也未提出明确的学习目标。这些问题对于学校教育要进一步促进学生身心的发展，进一步提高教育教学的质量，是极大的障碍。现在维多利亚州已经进入课程改革发展的新阶段。全州有了历史上的第一个正式的教学大纲。新教学大纲规定了从学前教育至中学十年级应该开设的八种核心课程——英语、数学、科学、技术、艺术、英语以外的语言、健康和体育、社会和环境，并规定了各门学科应该达到的目标和学生相应应该掌握的知识、技能要求。各地方学校可以根据本地区的特点对这些课程综合加以考虑并办出自己的特色，还可根据这些课程为学生提供相应的灵活多样的学习活动。

对于学校教育改革计划的实施情况，要定期向社区和家长报告。除让人们了解学生的学习情况外，还要报告学校教育目标的达成情况、所取得的成效、学生的总体表现以及学校的校风建设、校园建设等方面的内容。为使学校教育改革计划得到有效实施，教育部进一步改善了教育设备，为各学校都提供了计算机培训，为学校教育教学改革计划的顺利实施创造了极为有利的条件。

"未来学校"教育改革计划实施以来，受到社会各方面的广泛欢迎和好评。它为学生提供了高质量的教育，最大限度地发掘了学生学习的潜能；它使学生家长能够积极参与有关子女教育的学校事务，促进学校不断改进教育工作；它使教师工作真正成为一种专业性的工作，教师能够根据学生的个别差异、需要、兴趣爱好，充分自由地施展自己的教育教学才智；校长则真正成为一校之长，能充分发挥自己的才能去主持管理学校工作；社区则能通过参与学校章程的制定，来参与发表各种对学校有益的意见及建议，促进学校办出各自的特色。

澳大利亚教育出口及国外学生赴澳就读手续

近年来，随着澳政府对教育经费的不断压缩，澳大利亚的教育出口显得越来越重要了。各大学不得不自谋出路，自筹资金。招收全额国际学生是解决财源困难的有效办法。不少学校把招收海外学生的学费作为重要的资金来源。

移民部最新资料显示，1998～1999年度共有67130名国际学生获发签证，比1997～1998年度增加6%。现在学生来源较多的国家是印尼、日本、美国、马来西亚、印度、新加坡等。从中国来的学生近年来也不断增加。1998～1999年度从中国大陆来的学生数量首次超过了中国香港和台湾来的学生数量，比1997～1998年度增加了50%。

海外学生每年为澳大利亚带来了几十亿澳元的收入。澳大利亚还将教育服务出口到东南亚和中东等地区的国家，其收入也是很可观的。

国外学生赴澳读书手续主要有：

1. 学生条件。

高三以下的学生，只要家庭可以负担其在澳的学费和生活费，就具备来澳读书的资格，但是必须读英语至少半年。18岁以下的学生必须有监护人。

高三以上的学生必须具备 TOEFL 570 分或 IELTS 6 分以上的成绩方可来澳读大学预科和本科课程。

具有大学本科以上学历，并有一定的英文基础，可以来澳读研究生。可以先补习英文。

2. 生活费和学费。

生活费差距很大，一般每周 270～300 澳元，包括住宿 120 澳元、三餐 80 澳元、交通 20 澳元、其他（电话、娱乐、学习用品、观光旅游、体育运动等）50～80 澳元。另外，每年必须办理一定时间的医疗保险（具体费用见下表），这是强制性的保险。学生可以住在监护人家中、澳大利亚当地人家里，也可以住由学校安排的住处。澳大利亚还有寄宿学校。

医疗保险费用表

时　　间	费　　用
1～3个月	71澳元
3～6个月	142澳元
6～9个月	202澳元
9～12个月	261澳元

此外，代理一般每年收取 2000 澳元以上的管理费，包括机场接送、安排住宿、注册报到、监督管理等。

学生需先在语言学校进行英文培训，政府规定至少半年。英文培训费用最低为 5400 澳元。如果学生基础差，可能需要延长学习，费用也相应增加。

澳公立高中（11 年级和 12 年级）学费一般每年为 7000～10000 澳元，因校而异。如果是私立学校，收费更高。

各阶段学习学费表

学习阶段	费　用
小学（4～6年级）	7000～8000澳元
初中（7～10年级）	8000～12000澳元
高中（11～12年级）	9000～12000澳元
语言学校（每周）	250～280澳元
技术及延续教育	6500～8500澳元
商校、专科学校	3800～10000澳元
大学本科（3年课程，每年） 商业、计算机、财务、教育、人文、 健康、化学、物理、艺术等	9500～13000澳元
大学本科（4年课程，每年） 土木、电力、机械、计算机等	13000～14000澳元
大学本科（4年以上课程，每年） 法律、医科、牙科等	10000～25000澳元
硕士研究生（1～2年，每年）	9000～16000澳元
博士研究生（2～3年，每年）	10000～16000澳元

根据上述标准计算，每年学费为 8000～12000 澳元，生活费为 8000～9000 澳元，因此来澳读书大约每年需要 20000 澳元。

3．办理步骤及手续。

（1）向澳学校提出申请。

通过澳教育部向公立学校申请就读（包括语言学校的高中预备英语课程），或直接向私立学校申请。

所需材料：

申请人过去两年的成绩单，英文本需在澳由政府认可的译员翻译；

申请人所在学校的中英文推荐信（证明申请人品性良好、希望学生有所造诣等）；

申请人的出生证明及与父母关系公证书；

申请人 2 寸照片两张；

委托申请费 850 澳元（包括监护人委托与公证、翻译公证、通讯联络费等）；

如果校方接收，会出具接收函，凭此可以向澳使领馆申请签证。

（2）向澳使领馆申请进行预审（也称评估）。

预审的目的和内容主要有两项：家庭收入和留学动机。

家庭收入：来源是否正常，是否足够支持所需学费和生活费。家庭收入必须是经常性收入，股票等收入不可以作为经常性收入，而且收入必须有经济法律文件证明（如纳税证明等）。个体经营者或集体企业承包者如果年正常收入超过 15 万人民币，比较容易通过预审。国家公务人员和国有企业经营者比较难通过预审，除非有特别理由，包括国外常驻，有亲友捐助、家庭遗产等。担保水平根据打算报读的课程、学科、时间长短因人而异（可参照以上费用计算）。

留学动机：学生学成之后是否有足够的动机回到自己的国家而不是留在澳大利亚。家长需提供充分的证据说明学生在学成回国后有事业发展机会和前途。

所需材料：

澳学校接收书；

监护人（必须是澳公民、永久居民）身份证明、宣誓及委托书；

经济担保人的年收入证明；

经济担保人的银行存款证明（可以是人民币、澳币或其他外币）。

如果经济担保人在海外，需出具：

担保人 6 个月的银行证明；

担保人的收入证明或定期存款证明；

担保人的缴税证明；

担保人的护照复印件（需证明与原件一致）；

申请人与经济担保人的关系证明。

审查通过后，使领馆会开具一封函，通知申请人办理入学手续。

（3）向澳使领馆申请签证。

申请人办理入学注册手续，缴纳学费、医疗保险费，获取学校正式录取通知书，并根据使领馆要求接受安排的体验。

所需材料：

学校录取通知、学费收据、健康检查表、签证申请表。

一切通过后便在数周内签发20周的签证，学生家长可以安排学生学习、生活用品并办理机票购买等手续。

整个过程需3个月至1年。

学生抵澳后由代理安排接机、住宿、报到等。学生先在语言学校学习英文。20周考试通过后，转入正式学校，并缴纳学费。交学费后，办理延续签证。

第二辑 / 中西教育对照

误读美国教育：中国英才教育批判
——访美国托马斯·杰斐逊科技高中

误读美国，我们以为美国的基础教育还在为基本的阅读能力、计算能力不过关而发愁，并不关注英才教育，因此才会有"不让一个孩子掉队"的总统令。

误读美国，我们以为美国的基础教育总体质量不行，比如PIZA，美国学生的阅读能力、计算能力、科学能力排在中下游，美国的高等教育比我们的强，所以美国科技发达。

误读美国，我们以为美国的基础教育都是杜威的生活即教育，在玩中学，轻轻松松上学，基本没有负担。

误读美国，我们以为美国的基础教育特别不重视学科教学，远远不及我们——不及我们深，不及我们广，不及我们扎实。

误读美国，我们以为美国的科技教育成功一定是因为政府投入的资金雄厚，所以搞精英教育一定要由政府投入相当多的经费。

2011年7月28日上午，我们访问了位于美国华盛顿市郊的托马斯·杰斐逊科技高中，我们亲眼所见、亲耳所闻的一切颠覆了以往我们自以为是的错误认识，反思中国基础教育的英才教育，以前叫重点中学、今天叫实验性示范性高中的教育，存在巨大差距。

我们到访的是一所以美国第三任总统的名字命名的学校。学校就坐落在马路边，与美国的其他学校一样，没有围墙，马路边矗立着学生设计的两个圆形、两个三角形、几个方块、一个人组成的不锈钢雕塑，它是这所学校的纪念碑，代表教师帮助学生开启科学大门，象征着学校的办学宗旨。

这所学校是美国国家创办的四所科技高中之一，始建于 1985 年，2007 年被美国《新闻周刊》列为美国最好的精英型公立高中，在《美国新闻与世界报道》所做的"美国 100 所最佳公立高中排名"中，连续三年位列榜首。一所只有 25 年历史的公立学校，获得如此殊荣，的确有其不同凡响之处。

接待我们的伊万·格雷泽校长，看上去也就是四十岁出头，虽然背有一点弯，但身体健壮。他向我们详细介绍了这所学校是如何培养科学技术的精英人才的。然后，学校的校长助理、各学科优秀教师向我们介绍学科教学、课题研究，最后由一名高三年级学生带我们参观学校。

托马斯·杰斐逊科技高中共有四个年级，从 9 年级到 12 年级，学生年龄从十三四岁到十七八岁，主要是来自北弗吉尼亚州的优秀学生。学校属于弗吉尼亚州，是"磁铁石学校"——美国的"磁铁石学校"是办学特色鲜明的学校，因为可以吸收其他学校的学生选修他们的一些课程，因而叫做磁铁石学校。一般公立学校要开选修课，必须有 20 ～ 30 人选修。"磁铁石学校"可以聚集当地周边的学校学生，每周一起来上半天的课。美国的"磁铁石学校"不仅有科技特色学校，也有文科特色学校、艺术特色学校、体育特色学校，且常常与相关科技公司、研究机构、大学、社会团体密切合作。

托马斯·杰斐逊科技高中的办学宗旨是：特别注重学生的能力培养，包括思辨能力、解决问题的能力、好奇心、社会责任感。学校的办学理念贯穿在课程之中，学校提供充满挑战性的课程，各个学科相互交融，共同营造一种创新的文化氛围，这种氛围建立在伦理道德基础上。

暑假学校：独特的招生育人模式

托马斯·杰斐逊科技高中的教育从暑假学校就开始了。暑假学校招收一些想报考这所高中的初中学生，每个学生每次只交 200 美元，就可以参加这所学校的科技课程，这些科技课程都是动手动脑的，如物理，从加工材料做起，锯、剪、焊、接、电脑编程等等，短时间内学会许多技能。暑假学校的科技课程非常生动活泼，吸引学生关注，热爱学校，热爱科学，如以电视连续剧《解密》为话题，让学生参与破解一个个有趣的科学秘密，在破解秘密的过程中产生浓厚的科学兴趣、研究兴趣。针对学生需求开设课程，学校将参加暑假学校的学生分成若干个组，要求学生提问题，给每个学生提供阅读材料，放相关电影，高年级带低年级学生讨论问题，然后每个小组集中向学校提出一个值得关注的问题，如科技化的时代如何保持个性、创造性，要求每个学生都参与投票，选出最受学生关注的问题，针对问题学校设计课程，教师指导学生学习。在整个暑假学校的学习过程中，每个学生的志趣爱好，每个学生的能力水平，每个学生的情商、智商以及责任意识、合作能力，教师都可以真真切切地观察到，学校因此可以从中发现一些好的苗子，介入早期的培养。

▶ 学生分小组合作研究

　　为了更广泛地发现人才，每年学校自己组织招生考试，选拔一些在科技方面有志趣、有特长的学生，报考的人很多，每年的录取率就在20%左右，这些少数科技精英进入学校之后，就开始接受科学的、符合教育规律的培养。

大学先修：比我们更广更深的科技课程

托马斯·杰斐逊科技高中的课程设置重视基础、突出科技、文理并重。科技、工程、数学课程非常强，除了理科课程，还有丰富的文科课程、体育艺术课程。学校特别注重文科理科结合。英语、数学、历史（包括各种历史，如美国历史、科技历史等）是必修课程，教师重视教会学生用理科的方法解决文科问题。

主体课程有必选课，首先是数学，学生必选微积分，80%的学生在选修微积分之后会选修高等数学。学生至少要选修一年的电脑课程，大部分学生在选修计算机之外，还会选数学建模、电脑编程、人工智能等。英语和社会也是主体课程，必须选修四年的英语和四年的社会课程。学生必须选修三年的外语，主要有汉语、德语、法语、拉丁语、西班牙语等供学生选择。学生还必须选修两年的体育课、一年的艺术课。科技课程每年有所侧重，9年级学生物，10年级学化学，11年级学物理，12年级学地球物理。

学校课程设置当中一大特色就是9年级新生要学习复合型课程，即生物、英语、技术三门课的复合，其中技术课指动手实验课、计算机、焊接等实用技术。三门学科之间是有关联的，相关学科教师一起备课，把一年的计划设计好，根据教材设定主题，一起上课，指导学生，如环保主题，生物教师带学生看样本、指导学生研究基本原理，英语教师指导学生看文章，帮助学生提问分析，技术课教师带学生做实验，帮助学生掌握技术、操作器械。复合型课程一节课时间比较长，这样教学除了学科综合的优势之外，还有帮助学生形成团队精神的作用。中国是班级授课，美国学校一般是学生走班，45分钟或90分钟之后走班。学生来校之前互不认识，走班上课，学生没有一个团队概念，而复合型课程把学生分成几大组，融合走班制和班级授课制两种方式的优势。每组学生相互了解，团体意识、团队精神由此建立起来。

该校学科教学的深度和广度都远远超过了中国高中学生，比如10年级学生学化学，暑假就自学了化学课程，因此开学后的课堂教学节省了大量时间，学习进度大大加快。有志于化学研究的学生还可以在选修课时选择大学化学课程。这样，学生在某一志趣学科的所学的知识面、知识深度远远超过中国学生。11年级学生学物理，分为普通物理、AP物理两种，选择哪一种，取决于学生是否学了微积分。12年级学习地球科学，数学非常关键，很多地方要用到数学建模，使用建模的软件进行天气预测、地震预测。虽然每年科技课程各不相同，但教师每年都要指导学生回顾所学内容，使学生具有扎实的学科基础。

除了主体课程之外，还有大量的选修课程，10～11年级学生选修AP课程的物理、化学、生物、纳米技术等课程，还有有机化学、神经生物学、地球生态学等等。选修课程开设的是大学级别的课程，老师先讲授，再指导学生实验，有些课程如生物课要在户外获取大量标本进行分析。

该校还有一个很有意思的特色课程——第8节课。该课程是学生自发形成的，没有学分，根据自己的兴趣，自己找老师，除了科技研究，还有文化活动，或者到当地小学讲授科技，或者组织有意义的活动，有些学生选择找老师补课：给予学生相当大的自由度。

推动人类进步：每个学生的真研究

这所学校的又一大特色就是每位学生都有研究项目，最后一年都必须提供研究成果。学校积极倡导推动人类进步的科学研究，每学年邀请科学家来校演讲，为学生作报告，激励学生为科学事业而奋斗。

学生在4年高中生活中，其科学课题研究是有系统设计的。9年级学生刚进入高中，先感受一下高中课程，同时考虑自己的兴趣，思考自己的课题方向，全面计划设置自己的课程，把学校每个学年的学习和暑假学习都纳入学时之中。如对化学有兴趣，在各个年级选修什么，暑假学校学什么，把中学、大学的课程全部考虑进去，由广到细，由浅入深。4年后，12年级学生必须选择科技项目的研究课题。科研项目与课程紧密相连，学校根据学生的兴趣设计相关课程。比如有些学生对通过电脑读取人类大脑的脑电波产生很大兴趣，学校因此建立神经科学课程，建立神经科学实验室，不少课程是建立在学生课题基础上。

▶ 学生亲手制作产品

学生选择的研究项目都是立足于解决现实问题的，有些研究高端前沿，对科学实验室的要求非常高，公立学校没有资金购买，会寻求相关科技公司、研究机构、大学的支持，在相关单位的帮助下建立神经科学实验室、能源实验室、化学分析实验室、海洋生物实验室等高端实验室，或者学生到外面的大学、研究机构做研究。

所有的学生必须自己找研究方向，学生要读大量的科学文献，读学兄学姐的研究报告，与当地科学家讨论问题，有的学生特别有灵感，能够创造自己崭新的研究项目，如有学生研究人造卫星，在课内做研究，在课外寻求社会各界给予支持，找当地人造卫星公司给予这个学生支持，学校与公司、政府、大学、科研机构合作。这是学校成功的因素，公司会给学校提供很多的机会，进一步推进研究项目，学生提出研究报告给公司。

学校特别关注对学生社会责任感的培养，组织各种活动，如环境保护、社区服务、组织高中学生为小学生服务，周末向当地的小学生介绍科学研究，帮助小学生培养研究精神，从而使学生有自觉的社会担当意识。学校举行一年一度的科学研究大会，表彰优秀成果，将优秀的作品刊登在学校的杂志上。

▶ 杰斐逊科技高中的新能源实验室

中美对比：我们错在哪里？

托马斯·杰斐逊科技高中的外在条件并不突出，甚至远远比不上中国的高中特别是北京、上海实验性示范性高中那么豪华、漂亮。但是他们在科学人才的早期培养上远远走在我们的前面，走在世界的前列。由此可以得出结论：如果中国的基础教育，尤其是高中教育不改变，未来的科学世界，高峰仍然是美国人的，我们很难赶上。而谁占据了科学的制高点，也就占据了全球经济的制高点，占据了整个世界发展的制高点。要想在科技创新领域赶上美国，我们必须改变基础教育的英才培养模式，舍此，别无选择。

很少听到美国人谈论精英人才的培养，因为这个方面他们做得很好，所以他们不需要谈；他们最喜欢谈的是"不让一个孩子掉队"，因为他们在教育均衡方面做得不够好。因此千万不要误读美国的基础教育，不要以为他们只重视均衡，实际上他们特别重视英才培养。

当我们在痛批英才教育、拼命鼓吹教育均衡化的时候，美国人一边号召"不让一个孩子掉队"，一边悄悄把少数英才少年紧紧抓住，进行卓有成效的高端人才早期培养；当我们的优秀学生在拼命做题解题的时候，他们在动手做实验；当我们的精英高中学生仍然在为分数、高考拼搏的时候，他们在做科学研究课题；当我们的英才少年在搞奥林匹克竞赛的时候，他们在研究癌症，他们在制造火箭，他们在开发新能源，他们在做火星探测器。这些年来，我们的重点高中也搞课题，但那多半是点缀；我们也搞研究性学习，但那多半是纸上谈兵；我们的学生也会写科研论文，但时常是老师帮忙，甚至是父母代劳；我们有些高中也有一些像模像样的所谓实验设施，但那多半是博物馆型的，观摩的意义大于动手的意义；我们的一些职业技术学校也有一些实验设施，但很可惜，学生只会操作，不会创造。但美国人是真抓实干，走进美国学校的实验室，里面堆满了各种工具、各种材料和各种半成品，看似杂乱无章，但自然真实，他们是在做实实在在的科学研究，做推动人类进步的发明创造。接待我们的一位该校高三学生兴奋地告诉我们：托马斯·杰斐逊科技高中学生制造的火箭将于 2012 年春天升上太空。这样的真研究比比皆是，是这所高中每一位学生的必修课。

他们将杜威做中学的思想、赫尔巴特的学科教学的思想、建构主义的研究探索体验的学习思想，把看似矛盾的各种学派教学思想全部整合在一起，形成了最有效的育人方式，培养了一批批真正的科学技术人才。他们会做，最基本的动手能力、实验能力远远超过我们；他们会读，离开老师的时候，他们自学了大量学科教材、科学著作，形成了比中国学生更加广博、更加深入的理论知识系统，为创造研究打下了深厚的知识基础；他们会问，不断地向书本发问，向教师发问，向科学家发问，向自然和社会发问，形成了质疑探索的可贵精神；他们会学，自主学习，自主研究，自我表达，将自己的研究成果用文字、用亲手创造的物品表达出来。相反，我们的学生只会做题。

今天，中国最杰出的学校尚且基本停留在应试升学的准备上，国家的创新人才从哪里培养？中国高端科技人才的培养比美国整整晚了 10 年（中国从初中 3 年到高中 3 年再到大学本科 4 年，没有真正意义上的科学研究）。这 10 年是一个人一生中最少保守思想、最容易接受新鲜事物、最容易产生新创意、想象力创造力最为活跃的 10 年，而美国抓住了极少数高端人才，他们从初中开始就进入科学素养的培养。我们的所谓均衡是以牺牲少数高智商学生为代价的，上海的 PIZA 考试已经证明了这一点，低端学生不低，高端学生不高。让高智商的学生去重复做一些低层次的试题，浪费了大好光阴，错失了开发他们科学潜质的宝贵 10 年，让人痛惜，让人扼腕！

关于习题教学问题，首都师范大学教授邢红军在其《迷失方向的课改之旅》【《校长》2011-9（32～34 页）】中做了很好的分析。概言之，在教学层面上以习题为核心，每一道习题都是从原始问题抽象而来，已经把原始问题的一些次要细节、非本质的联系舍去，没有科学现象与事实作为背景，甚至完全脱离科学现象。也就是说，学生思维的一部分已经被习题编制人员"越俎代庖"地完成了。习题教学还存在模式化倾向，缺乏科学思想的分析，太重视程序与计算、熟练与技巧。

我们用习题培训出了一批在国际奥林匹克中学学科竞赛中获得金奖的学生。菲尔兹奖得主丘成桐教授说："习题教学培养出来的学生只会考试，但不会做研究工作。有几位曾获国际奥林匹克数学竞赛金奖的中国学生在哈佛做我的研究生，学习都非常困难，有人甚至读不下去。"

我国基础教育缺少的正是习题教学之外的"原始问题"，学生不是亲自编写习题的人，不知道其来龙去脉，学生在习题解答过程中受到的训练只是全部思维的一部分，而且是不重要的一部分。邢红军教授的上述分析非常精辟。

事实上，发达国家都非常重视在高中培养科技人才。下面是《教育文摘周报》转发《现代教育报》的文章：《志在"诺奖"的日本超级高中》。

日本"超级科学高中（Super Science High School）计划"启动于2002年。该计划主要以科技、理科和数学教育为重点，推进高中和大学以及研究机构之间的合作，为英才学生发展数理特长，培养出未来的诺贝尔奖获得者。

2002年77所高中申请加入该计划，文部科学省选择了其中26所，并下拨预算600万美元。在选择时，文部科学省侧重公立学校，照顾地区均衡。超级科学高中每次的指定周期为3年，根据各校实施效果决定是否给予延长。每一领域的专家和教育研究者组成的研究团体，会检验和分析这些高中的活动和课程。超级科学高中招生全部由各校负责。

超级科学高中会加大与大学和科研机构的合作力度，邀请大学教授或研究人员到高中讲课或开设讲座，让学生到大学听课。同时，加强与一线研究人员和技术人员的交流，让学生进行各种实验和实际操作，尽量增加学生接触尖端科技的机会。

学校还致力于以理科和数学为重点的课程的开发，理科课程的难度大多超出学习指导要领的范围，期望能研究出培养和提高学生的理论思考能力、想象力和创造力的指导方法。各校在校内不断充实课外科学小组的活动内容，在校外则加大理科高中相互之间的交流。大部分学校设有"超级科学高中运营指导委员会"，委员除了来自高中、大学和研究机构外，很多人来自经济界或产业界，并且很多都是该校毕业生。

私立早稻田大学附属本庄高等学校就是一所超级科学高中。学校充分利用附属校的优势，邀请早稻田大学教授开设定期讲座，学生可在大学选课并和大学生一起做实验。学校还带学生到专业机构参观体验，并将学到的知识直接应用到大型马达和太阳能汽车等的制造上。针对学有余力的学生，学校在课外开设了特别的理科课程。

【《志在"诺奖"的日本超级高中》，《教育文摘周报》
2012-4-25（8），原载《现代教育报》2012-4-6】

中国英才教育的问题，当然有我们民族文化的问题，我们相对更加功利，更加强调实惠，更加注重眼前，更加看重分数，就是因为分数能带给学生好的高校、好的专业。解决这个问题，我们当然不能即刻改变功利实惠的心理秉性，但是可以改变政策，改变招生政策，对极少数高端科技人才，我们完全可以取消高考，代之以全面衡量学生的科学研究能力、科学素养，教授们集体质性考核学生，录取学生进入一流高校。而且改变文化，首先要从改变政策做起，为什么不能解放优秀学生？为什么不能在教育均衡取得阶段性成果之后，抓紧培养高端优秀人才？

附：

赵福楼评《误读美国教育：中国英才教育批判》

《人民教育》2011年17期载文《误读美国教育：中国英才教育批判》，是一篇有锋芒的文章。笔者为程红兵，他与刘彭芝校长带领的中国教育考察团到访了美国托马斯·杰斐逊科技高中。所见所闻令其震撼，他在文中是用的这个词。

程红兵在文中用实际见闻修正了自己之前对美国教育的认识，而且针对的是中国舆论的误读。我们容易接受这样一种定位：中国教育与美国教育各具特色，如同发展事物的两面。中国的教师让学生读书，而美国的教师容易放任学生，其自主探究也有副作用。我们不接受的是，美国教育从中国的教育形态中走出来，他们之前的教师也如我们现在的老师一样教书，他们之前的学校也类似于我们现在的学校。因为接受这个认识就意味着要承认：中美教育在发展上处于不同的阶段，中国教育的现实形态确乎存在发展和更新的必要。

这样说话和这种思想就有些冲击力了，或许会触动大众的神经，由此换来一顿板砖。编者在给程红兵文章加的编者按中，就指出：有些观点有些刺耳。

可是读完全文，我们就能找到这种褒美贬中的教育判断的原因了。他在美国的教育见闻与其过去熟悉的中国学校的形态形成了强烈对比，由此爆发了震惊感。一名有责任感的中国教师、校长，致力于发展中国的教育，而域外的见闻让他彻底清醒，意识到我们存在着这么多的问题和不足，而有此清醒认识的人偏偏又这么少，自己之前就常常有一种骄傲的感觉。程红兵所在的学校曾经是中国学校的一个样板，也曾经享有很高的办学声誉，是所谓的示范学校。领军如此一所学校，整个社会青眼相加。他大概也没有想到，美国的一所优质学校，给他完全不同于中国的感受。这与他的学校不同，中美两所学校的学生做着完全不同的事情，有着完全不同的学习生态，甚至价值追求也完全不同。

我知道一名内心澎湃着激情的教师、校长，在对比中突然让思想从沾沾自喜中冷静下来的时候，他的内心是怎样为了中国教育的图存和发展而感到忧心忡忡的。

不问程红兵写作是否说了过头的话，我这一刻理解了他。因为与他一样，在新加坡的德明政府中学，我看到的学生领袖与中国的学生这样不同，由他们的教育形态可以引发我们自省，意识到两种不同的教育带来的学生发展的品格会存在很大不同，而我们的学生若在国际视域内，参加竞争，无疑我们的教育为学生提供的准备如此不足。我由此震撼，甚至稍后转化为凄凉：似乎这么多年来，我们为教育付出的未必是学生未来发展最需要的。我们的教育从内容到形式，都没有完全着眼于现代化发展，为学生终身发展做好准备。

程文言辞之激烈远过于我，但是从情感和认识上我愿与他应和。有些话可能你不愿意听，可是也不妨听一听：

> 他们会做，最基本的动手能力、实验能力远远超过我们；他们会读，离开老师的时候，他们自学了大量学科教材、科学著作，形成了比中国学生更加广博、更加深入的理论知识系统，为创造研究打下了深厚的知识基础；他们会问，不断地向书本发问，向教师发问，向科学家发问，向自然和社会发问，形成了质疑探究的可贵精神；他们会学，自主学习，自主研究，自我表达，将自己的研究成果用文字、用亲手创造的物品表达出来。相反，我们的学生只会做题。

令程红兵最感慨的是，随队介绍的美国学生告诉他们：不久我们研制的火箭就要升天了。他由此想到如今在中国，学生动手制作的竟然还是爱因斯坦小时候做过的小板凳。两相对比，在教育的生成性产品——人的素养与品格上存在如此巨大的差异。

　　如果你还冷静，可以思考：美国教育的优长在哪里？充分尊重学生，学校教育的一切都是服务于学生发展的。学生需要不同的课程，我给你提供；不同的学生有不同的潜能，我给你提供发展的机会；你们的学习进度不一样，我不求你们同时同地学习同样的内容，你们根据自己的需要可以选择；你们未必需要为了考试而学习，但可以在不同的课程内容探究中找到乐趣，看到自己的进步。

　　如果，我们是为学生办学的，我们的课堂还能是这样的么？我们的学校还能是这样的么？

　　　　　　　　　　　　　　（本文选自赵福楼老师的博客）

让教育不再如此功利，让学校真的享有自由
——读英国自由学校后有感

教育界谁都知道：改革开放，中国教育取得了巨大成就，中国基础教育成绩显赫。

教育界谁都知道：当下中国教育陷入了困局，当下中国基础教育陷入了僵局。

谁来破局？

如何破局？

教育要面向未来，这应该是所有国家的教育的一个基本共识。

但是，如何解读这个命题值得我们关注，毋庸讳言，中国教育的现状存在如下几种错误的解读：空心化解读——教育要面向未来，到底核心思想是什么，几乎没有非常具体的分析、解读，导致核心内涵缺失，核心精神缺失，价值理性缺失；功利化解读——教育要面向未来，到底面向未来的什么，有的人理解为，面向未来的高考、中考，"铁路警察，各管一段"，只顾有限的时段，不考虑教育的终极目标；口号化解读——务虚不务实，停留在面上，只是空喊，没有行动，没有落实在课程上，没有体现在教学上，没有表现在课堂上。一旦"面向未来"成为一句漂亮的口号，问题随之就产生。

俄罗斯的做法是"创建我们的新学校"，一种创新、全纳、拥有"新"教师、拥有新功能的新学校。英国人的看法是面向未来，就应该有新的学校，这个新的学校就是自由学校。新加坡人的观点是学校需将价值观和品格培养放在核心位置，他们的目标是培养有坚定的价值观、关爱家庭和同辈并深深植根祖国的年轻一代。日本的做法是创建"学习共同体"学校，

消除空间、时间和人际间的隔离，学校建立"活动体制"，课堂成为开放的课堂。

我们以英国的自由学校为例。英国提出的自由学校，是指由家长、志愿团体、慈善组织等独立运营的、享受国家拨款但不受地方教育行政部门管辖的学校。其核心理念是"自由办学"，主要模式是"政府拨款，独立运作"。按照我们的话说，就是政府负责拨款、社会力量自主办学。自由学校政策得到了各类学校的热烈响应，英国教育大臣迈克尔·戈夫把彻底改革的精神重新引入教育体制，力图通过自由学校的创办，给积弱已久的英国公立学校注入活力四射的新鲜血液。自由学校的不断推进意味着数以千计的公立中小学可能脱离地方教育当局的管控。迈克尔·戈夫说："这等于对学校校长、校董事会和老师们说，一切由你们自己决定。"自由学校和公立学校转型的城市学院将有助于提高教育质量、减少官僚做派、促进学校发展。

为什么会得到热烈响应？关键在于学校有了办学自主权，有了办学自主权，就可以按照教育规律办学。纪律严明，学校办学有秩序，教学有秩序；学校不大，管理方便，校长的教学管理能够做到精细化；班额较小，学生能够享受针对性较强的个性化教育。这样，学校的教育质量就有了保障。

从政府的角度而言，通过这样一种措施能够实现国民素质的整体提升，改变薄弱学校的教育，改变教育不公的现象——富人享受优质教育，穷人只能接受糟糕教育的现状。很重要的一点是政府虽有花费，但代价并不是很大，而最终取得了想要的效果。主要策略是放权，通过放权调动民间力量即社会力量、家长力量、教师力量参与学校办学。

芬兰基础教育变革，始于20世纪70年代，首先他们认为"教育不应当是只为政治服务的附属品"；同时，他们也认为"教育不应当是商品社会的附属品"。于是芬兰人开始默默探索"专业人士主导教育"的发展道路。学校享有极大的自主权，校园日常生活几乎不需要国家管理机构介入，学生的种种问题都有专门制度去解决，各类专业人士也职责分明，总能及时提供学生所需。芬兰教改40年，创造了一种多元、信任、尊重的文化。从高度中央政府的集权化、强调外部统一考试测评的教育体系，转为更具本地化、国家标准非常简约、由受教育程度很高的教师来设计课程的教育新体系。这样变革的思路，让芬兰的学校规模都较小，有的甚至不足300名学生，班级规模也普遍为20多名学生，但设施都齐备。学校存在的核心价值是为学生营造学习环境和提供关怀，因此所有学生都获得了免费用餐、医疗、交通、学习材料、学校辅导等。没有了任何来自校外的测评考试，芬兰的学校得以广泛开发基于本校实际、以学生为中心的学习任务和开放式课程，这反而成了芬兰孩子在国际考试中成绩取得第一名的重要原因。

今天的中国是否也可以采用这种方式以改变我们教育的弊端？我以为可以借鉴，但不能照搬，可以借鉴是指给一些民间的理想的力量以办学的机会，冲击一下当下封闭的、千校一面的、应试教育的、功利化的办学模式。

不能照搬，是指我们不能把突破今天教育僵局的希望寄托在当下的民办学校。当下中国虽然有不少民办学校，但尚未进入教育家办学的阶段，而基本停留在企业家办学阶段，企业家的根本追求与教育家的根本追求相去太远，他们基本摆脱不了借办学以求经济回报的思路，说得重一点，媚俗是其基本表征。所谓媚俗，就是以大量的操练，获取分数，提高升学率。通过媚俗从而换取大部分家长的认同，增加招生的人数，增加经济的回报；否则他们将血本无归。这不能责怪他们，因为整个社会尚且处在初级阶段，投资办学的企业家们的文化抱负、经济实力以及当下的相关政策，尚不足以让他们摒弃赚钱、把投资办学作为一种慈善行为，这是现状所决定的基本办学思路，指望他们破局，不切实际，最后只能是南辕北辙。

突破今天的教育僵局不能寄希望于重点中学，即所谓的实验性示范性高中，或者是初中、小学的素质教育示范校。政府一贯的工作思路就是手中有一支王牌部队，遇到攻坚克难的时候，总是想到自己的嫡系王牌军。政府在教育界的王牌军就是重点中学，今天虽然改头换面为实验性示范性高级中学，或者是素质教育示范校，但是其本质并未改变。不是这些学校的硬件不好，政府早就开始对他们重点投入，在中国，凡是示范校、重点校都是占有教育资源最充分的学校；不是这些学校的校长、教师不好，这些学校的校长、教师都是好中选优、几经选拔、几经淘汰的佼佼者。但是这些学校承载了社会太多的功利性需求，来自家长的、政府的、社会各界的，都毫无例外地对他们寄予教育质量的高要求，即升学标准的高要求，所有的期望像一条条沉重的锁链，把他们的双翅捆得死死的，他们已经习以为常，飞不起来了，他们已经容不得半点闪失，容不得半点所谓的失败。不是他们不痛苦，在这个过程中，他们中间有的人也会因为憋气、胸闷、心悸而呐喊几声，但喊过之后，一切就会回归原样，回归不正常的常态；不是他们不想改革，他们中间有的人也会捶胸顿足，痛下决心进行改革，但整体不变，他们的所有改革都注定仅仅是小打小闹，小修小补，装装门面，赶赶时尚，做做应景文章。

整个社会、整个教育界都在谈论教育家办学，按照这样的路子走下去，永远出不了教育家，永远实现不了教育家办学。那种教育家评选，那种政府像颁发优秀园丁证书一样颁发教育家证书的做法，那种教育家培养工程、教育家短期培训班、未来教育家成长计划，都是人们的一厢情愿，而且毫无例外的都是搞笑、滑稽的做法，都是和真正教育家产生之路背道而驰的做法。

应该允许有些人跳出来，跳出功利教育的囚笼，去寻找新的自救之路；应该允许有人从急速行驶的、踏上不归之路的、极端功利教育列车上跳下来，去寻找别样的目标，去体验别样的幸福，他们可以漫步行走，欣赏一路美景，他们可以骑上骏马，自由自在地在辽阔的草原上奔驰。

能不能给一部分真正的有识之士——或者家长，或者校长，或者教师，或者慈善机构，或者不以盈利为目的的中介机构，以自主办学的机会，像俄罗斯的"我们的新学校"、美国的特许学校、英国的自由学校一样，办一个个微型学校（之所以要办微型学校，是因为便于实验，易于成功，即使失败也影响不大）。他们有自己的办学理念，与功利主义教育完全不同的教育理念，给他们自主招生的权力，给所有对他们产生兴趣的学生、家长选择这类学校的权力，给他们经营自己特色的权力，给他们自己部分设置课程的权力，给他们颁发毕业证书的权力，给他们自己管理学校的权力，给他们自己设定教师工资标准的权力，给他们独立招聘教师的权力，给他们不参加任何评比(政府只保留对他们督学的权力)、检查、考核的权力。

他们可以依据自己的理想，追求教育的真谛，追求学校的特色，或者数理高中，或者科技学校，或者人文高中，或者艺术学校，或者商务高中。他们唯一的共性就是不唯功利办学，不唯升学办学，而唯师生的人生幸福、促进社会进步办学。

他们可以根据自己的办学目标设置自己的课程，他们可以把阅读名著作为必修课程，他们可以把研究讨论作为常态教学方式，他们可以把社会考察作为学习的必要方式。

他们可以自主招聘教师，按照自己的理想把志同道合者聚在一起，价值取向趋同，兴趣爱好趋同，能力差异互补，营造一种浓浓的校园文化氛围，而不是今天的口号式学校文化。教师的共同文化特征是对教育的由衷热爱，并且一直觉得教学是十分好玩而有趣的事情。

他们可以自主招生，改变当下的考试招生法，改变当下的证书招生法(看奥数竞赛证书招生)，而代之以暑假学校招生法，通过办暑假学校让学生了解这所学校，让学校的教师了解学生，真正实现双向选择，他们可以允许学生自由流动。

他们可以自主管理学校，自主设置教师工资标准，自主设立评价方式，不再为评比检查考核而弄虚作假，不再为争创先进而赶制假材料。

在发达的沿海城市，已经存在着理想教育的社会基础，存在着教育的理性回归，存在着教育的人文价值回归。一些海归家长，经历过欧风美雨，对教育有新认识，对孩子的教育有新想法；一些虽非海归但文化层次很高，应该说对教育有新向往、新期望的家长，已经不在少数；教育内部也有不少有思想、有追求的校长和教师，他们对当下中国这样一种以应试为主的畸形教育，有着非常透彻的认识，有着非常强烈的排斥态度，这些都是成就理想教育的土壤。但我们知道，民间有识之士虽有理想抱负，却没有经济实力，办学几乎成了可望而不可即的念想。如果政府能够给予一定的支持，政策的、经费的、空间的支持，允许一部分民间理想力量自由办学，办自由学校，或许将成就中国基础教育崭新的未来。

教育界谁都知道：改革开放，中国教育取得了巨大成就，中国基础教育成绩显赫。

教育界谁都知道：当下中国教育陷入了困局，当下中国基础教育陷入了僵局。

谁来破局？民间力量，一种理性的、充满理想的民间力量。

如何破局？在政府支持下的自由办学。

附：

同行评价《让教育不再如此功利，让学校真的享有自由》

程院长：

您的文章我今天拜读了！写得真好！这是一位对教育发自内心热爱的教育者的肺腑之言！我读后很有共鸣。因为今天的平和正在实践这样一条"自由"的"新学校"的路径。

这些年来，平和走的是一条自力更生、独立办学的路。我们无法依靠任何人，我们只能依靠我们自己。为什么我一点不去争取职称的机会？那是因为，我早已知道，如果主动向体制靠拢的话，平和一定不会有今天这样的发展。体制的资源不是免费午餐，你一旦享有，便添上了枷锁，必定受到制约，于是不自由。这一点，程院长比我的感受必定强烈得多。当然，平和选择走这样的路，很艰辛。您也知道，民办学校的生存环境并不很美妙，对教育官员来说，"政策就是最大的资源"，而您在文章中流露出的无奈与不满已经对这样的现状作了最好的评判。

正所谓有所弃，有所得。因为我们从不真的想要去得到政府的财政补助，因为我们从来不真的想去申请进入政府的职称系统，我们反而实现了一定的自由。今天良好的社会声誉也是对我们的选择的最好的肯定。读您的文章，我甚至感觉它就是为平和而写的。我们现在可以自主招生、自主经营学校特色、自主设置部分课程、自主招聘教师、自主决定教师薪酬、几乎不参加政府部门的评比，所有这些您在文章中的呼吁，平和竟然奇迹般地在践行着！真希望将来中国教育官员中能有越来越多像您这样的有识之士，也希望能有越来越多像平和这样的学校。这样，我们就不孤独了，教育也就有希望了。

下次您有好的文章或者您读过的好的文章和书籍，一定记得推荐我阅读。谢谢！

（万　玮）

程院长：您在《上海教育·环球版》的那篇文章写得真好！很真实也很哲学！读起来很有冲击力和吸引力！非常痛快！谢谢您的智慧分享！

（刘友霞）

程校长：《自由》一文，对中国教育现状的问题，概括得准确到位，简练切实，一针见血，确实是话不在多，要在点子上。更有价值的是你的破局之策，已经走向了真正的建设之路，仔细想想，你的设想在小范围内还是具有操作性的，可否把"自由教育"纳入我们基地五年规划中，在一到三期基地之中挑一些有能力的志愿者，小小地开发一块试验田。尝试一把？这应该会是比较好玩的一件事。

（张广录）

你的思考和行文比我更有宽阔的视野！

（李镇西）

走向中间地带
——沪加高中教育对照

　　改革开放 30 余年，我国基础教育最大的变化，就是人的观念变了，校长、教师们的视野开阔了，思维活跃了，不断追赶世界先进教育，已经取得可喜的进展，而且这种观念的变化不仅反映在思想层面，更重要的是反映在实践层面、现实层面。

　　2008 年 5 月，作为上海市基础教育名校长后备人选的一员，我有幸被选中参加"上海—加州影子校长"项目，赴美国加州考察，从 2008 年 5 月 16 日到 6 月 21 日，历时 5 周，进入加州数十所公立中小学进行考察。

　　"上海—加州影子校长"是上海市基础教育名师、名校长工程的一个重要延伸拓展项目，在名校长基地培训的基础上，进一步拓宽国际视野，在名校长后备人选中挑选 10 人，送往美国继续培训，以强化他们的国际交往能力和比较教育研究的能力，站在更高的层面上推进上海基础教育向纵深发展。由上海市教育委员会和加州学校董事联合会（California School Boards Association，简称 CSBA）签订的教育合作备忘录（2005 年 11 月），在此基础上顺利启动并实施这个教育合作项目。CSBA 与上海市教委的合作，搭起了太平洋两岸两个重要的城市在教育方面的交流平台。上海市首批 10 名校长从 2008 年 5 月 16 日起，分 5 个小组进入加州数十所公立中小学进行为期 4 周的实习，第 5 周则主要是对加州大学洛杉矶分校、美国宇航中心空气动力实验室 JPL、心理思维实验室、洛杉矶天文台的考察。

　　我们这个组主要考察蒙特瑞的 4 所高中，包括蒙特瑞高中、Seaside High School、Marina High School、约克私立中学，还有其他一些学校。因为考察的学校有限，这次考察不能说一定了解了加州教育的情况，或许是瞎子摸象，或许也能借一斑窥全豹。

比较加州教育与上海教育，会更加清晰地看到上海教育的优势所在，诸如，教育理念的先进，加州学校为学生开课，学生数必须是32或36的倍数，多出来的学生就不能为之开课，因为要考虑教育成本；而上海只要学生选择，哪怕只有6个人，学校也为之开课，以学生发展为本的理念已经深入人心，这当然与政府提供充足的经费保障有着密切的关系。

通过这次考察发现，两地教育有许多共同点，从某种意义上说，这些共同点是上海教育进步的明显标志，可以看到改革开放30余年来上海基础教育的明显变化发展，同时可以看到基础教育的基本规律和未来发展趋势。

因为有许多共同点，我决定本文主要采用求同比较的研究方法。首先看看同在哪里，然后在相同之中寻找不同点，并针对相同点和不同点寻找原因。这样做的意义在于由此探究教育的基本规律和基本要素。加州教育与上海教育本质上的相同点，我们据此可以断定这就是教育的最基本规律；两地教育内容的相同点，我们据此可以断定这就是教育的基本元素、基本课程；两地目前采用的策略的相同点，我们据此可以断定这就是当下最实际的策略。

一、体制机制

我们从教育管理体制、高中招生体制、教学组织体制三个方面来比较。

1. 管理体制。

相同点：政府提供教育，机构控制学校。

有一个机构负责管理、领导学校，上海是教育局，美国是学区。美国基础教育主要由政府提供，由三级政府——联邦政府、州政府及地方政府（学区）控制和资助；在小学和中学，课程、资金、教学及其他政策都由当地选举产生的学区委员会（或称为学区校董会）决定。教育标准和标准测验通常由州政府制定。

不同点：上海是政府组织，对上级负责，更便于体现国家意志，更具集中的色彩，其优势是适应当前国内的实际情况，因为由精英组成的中国政府，所体现的国家意志更全面、更实际、更科学，如果体现社区百姓意志，则以应试为主要追求的升学教育将更加严重。

美国的学区是一个非常特殊的组织，一方面，它代表政府控制管理学校，另一方面，管理人员又是学区委员会聘用的，而学区委员会由所在学区公民选出，必须对所在区域的公民负责，体现的是社区百姓的意志，更具民主的色彩，由于学区校董会的人员构成并非完全是教育人士，而是方方面面的代表，因此他们的意见并不一定专业、不一定正确，因此学区的管理人员经常抱怨，什么事情都要向校董会解释，要他们理解，工作效率受到影响。

近年来，加州教育管理趋向统一，给予学校较多控制，学校缺乏自主权。宏观控制主要体现在教材统一、考试统一，由加州教育部门主持小学、中学各年级英语和数学的统一考试，并进行排名。微观控制主要体现在学区召集的校长会议非常多，由此带来的任务也非常多，有关规定非常具体，甚至包括暑假时电脑如何存放。

从校长自主权来看，加州的校长权力很小，受制于学区（社区、家长、学生），更多地为社区提供服务，更像一个领班。上海的校长权力相对较大，一般受制于教育局，更多地体现为对政府负责，对社区责任不大，更像一级官员。

理想模式应该是教育既要体现国家意志，也要体现百姓意志，既是民主的，又是有效率的；学校既有一定的办学自主权，又是规范办学；校长既承担一定的责任，又享有一定的权利。

这样一种理想的发展走向，取决于全民文化素养的大幅度提高，价值取向走向平和，这是前提，无论美国还是中国，无论是教育局上级政府，还是校董会人员、学区管理人员，都面临进一步提升教育素养的问题。从而更加理解教育的真谛，进一步提升对教育规律的认识水平，提升决策水平和管理水平。

2. 高中招生体制。

加州和上海的相同点在于根据学能、学绩差异，分化教学。

不同点在于：上海是分化入学（学校区分），加州是入学分化（教室区分）。

加州的教育民主、教育公平体现在各种不同的学生（成绩不同、民族不同、智力差异不同等等）可以进同一所学校，他们是就近入学，按居住地来划分（与上海的小学、初中一样）。上海的高中教育是通过成绩分类，把优秀的学生集中到重点中学。加州的教育体现了全纳思想，上海的高中教育体现了差异区分，主要是能力差异、学级差异的区分，特殊教育独立成校，普通高中与职业高中的分别，重点高中与一般高中的区别。

加州的教育更多的是形式上的民主，进了学校之后，通过课程的选择实现分化，优秀的学生选择难度大的课程，学习困难的学生选择难度低的课程，特殊学生也从学校中独立出来接受教育，区别在于上海是学校之间的分化，加州则是一所学校内部的分化，根据能力智力、成绩差异区分进行教学，这显然是教学的基本规律。上海的高中教育之所以如此区分，与人口数量的庞大有着直接的关系，而且与普遍从众的文化习惯有着密切的关系。加州教育可以校内分化，因为学生可以做到理性选择，上海教育不能校内分化，是因为学生不能做到理性选择。这又是因为社会压力的不同，上海的就业基本上还是学历社会，而不是学力社会。

加州这种分化方式应该说是社会模型常化，即不同类型的聚在一个学校中，因为社会就是如此，在一个社会之中，有不同类型的人存在，学校所提供的社会模型与社会常态一致。

上海这种分化方式应该说是社会模型窄化，即把不同类型的人分化在不同学校之中，学校所提供的社会模型与社会常态不相一致，因此让学生接触社会、了解社会成为非常重要的任务。但从另一个角度讲，物以类聚，人以群分，这也是一种社会状态。

加州的教育也可以有所选择，依据是多交学费，上条件较好的私立学校。

理想状态是"圈养+散养"：关在学校学习好比"圈养"，"圈养"出规范；放在社会中学习好比"散养"，"散养"出个性。

3．教学组织体制。

上海、加州的相同点是：实情决定体制，效率决定方式。

不同点在于：是学生走班，还是教师走班？

上海是教师走班，讲究单位时间的工作效率（单位时间里一堂课有更多的受众），与上海的实情相符，因为上海的高中学校已经进行了分类筛选——省市重点中学、区县重点中学、一般普通高中，学生的学习成绩大体一致。

加州是学生走班，提供一定的选择机会，学生的学能、学级差异较大，必须走班，不走班几乎不可能高效率地完成教学任务。

加州与上海各自的体制都有缺陷，也都有相应的弥补措施，加州是走班无班，也就是说，学生走班后很难建立班级的概念，在这种体制下，团队精神的培育显得尤为重要，因此他们通过大量的社团组织来加以弥补。上海的高中虽然是经过筛选的，但是总分相同并不意味着学科没有差异，学生中存在着部分学科的层次差异，因此一些学校对英语、数学等学科进行分层教学也是十分必要的，这样教育的针对性、学生的选择性超过加州，因为是二次选择。

理想的状态应该是"规范+选择"，在规范的基础上给学生选择权，选择要兼顾学生的学能学绩、理想兴趣。

笔者认为，从当下的状况可以看出，教育正在走向理想状态。恩格斯说："一切差异都会在中间阶段融合，一切对立都会经过中间环节而互相转移。""辩证法同样不知道什么僵硬的和固定的界限，不知道无条件的普遍有效的'非此即彼'，它使固定的形而上学的差异互相转移，除了'非此即彼！'又在恰当的地方承认'亦此亦彼！'，并且对立互相联系，这样辩证法是唯一在最高度地适合于自然观的这一发展阶段的思维方法。"（《自然辩证法》，人民出版社1984年版，第84-85页）东西方教育将逐渐由"非此即彼"的对立关系走向"亦此亦彼"的联系。

二、课程教学

1．课程教材。

上海是以市为单位统一教材，美国至少是城市学区的教材统一，学校课程设置的权限十分有限。加州只有私立学校有一定的教材自主权，公立学校没有这个权利，只在一些无关紧要的选修课上，学校有选择权，比如中文课。

加州课程的校本化程度与上海有些学校相比，有一定的差异。

2．教育方法。

加州与上海的学校教育方法上也有诸多相同之处，如求助于家长，发现学生的问题，请家长一起参与教育，不同在于家长的重视程度不同，使得教育的效果不同。一般说来，中国的家长比较重视配合学校、教师进行教育，由于是独生子女，家长对孩子的期望值比较高。加州有许多家长并不配合学校、教师，特别是墨西哥移民的家长，孩子普遍较多，他们对孩子的学习几无期望，没有太多的要求。文化背景的不同，导致效果不尽相同，比如上学迟到，在加州公立学校是普遍现象，有的学校甚至多达50%～60%，有很多是家长送孩子上学，家长晚了，学生自然就迟到。这与上海截然不同，上海学生上学迟到是极少数。

3．教师负担。

教师负担都比较重。

提及教师与学生的人数比率，显然中国教师远远多于美国，这与两国的国情是相适应的，中国的班级人数相当多，美国班级的人数相当少（圣盖博学区每班30～36人），中国的教师背负的责任更重，除了把课上好，还要把每个学生的成绩提高，通过终端检查。美国却没有这样的要求，所以教师压力较小，更多的是完成工作量，工作量很大，每天每个教师的工作量约5节课，而中国教师压力大，更多的是完成工作的质。中国的师生比也可以像美国，但前提条件是整个社会对教育的压力大幅度降低，学生数量大幅度减少。

4. 特色打造，行于表面。

Marina High School 校长很想把学校打造成一所有特色的学校，他把学校定位为海洋特色，学校的外观是海蓝色的，很多地方都做成水手屋的样子，一个很大的壁画是家长画的，一艘船停留在蒙特瑞海滨，校长室就是一个船长室，到处可见船上用品，有矛，有舵，有帆船模型，有帆船挂画，有船长帽。校长有心无力，只能做到这一步，至于建构富有特色的课程，则是无法实现的，甚至由于学校太小，教师不够，有些选修课学生只好到 Seaside High School 去跨校上课，这是我们所没有的。

三、文化溯源

1. 重升学、重分数的价值取向。

公民的教育价值取向基本一致，都十分重视升学，重视分数，重视升入一流的大学。我们碰到的人问我们去哪些学校，提到约克时，无不给予高度的赞扬，肯定这所学校升大学的比率，这样一种反应恰恰是他们价值取向的直接体现。公民的价值取向直接决定了学校、教师的教育取向，"分数第一"，已经成为加州的普遍追求，自 2006 年起加州开始统考英语和数学，接着学区开始每两个月统考一次，布什总统"不让一个孩子掉队"的理想口号逐渐演变成对分数的追求。我们可以从以下逻辑看出它的演变过程：既然总统提出"不让一个孩子掉队"，学校就必须执行。首先必须明确何谓掉队，显然是学习成绩掉队。学习成绩体现为分数，为了提高成绩通过率，必须加强统考，以此检测学生是否掉队；为了避免学生统考掉队，必须尽早知道学生的学习情况，以便及时补救，于是学区统考应运而生；为了学区统考成绩考得好些，学校就要提前考试，学校校长、教师、学生"分数第一"的理念自然产生。加州的教育真的越来越像中国的教育了。

当然，我也知道，这里的文化与东方文化毕竟有许多差异，他们最终不可能像我们那样。

2．重学术、轻艺术的价值取向。

加州高中教育重视学术课程，对艺术特别是音乐教育常常不能给予高度重视，因为经费不足，如果要进行艺术教育，常常要学生家长委员会筹集经费，一般是富人区的家长能给予支持。这一点上海也有相同之处，上海的艺术教育并没有得到普遍重视，学校要搞音乐特长教育，也要自筹经费，或者有需求的家长自己花钱让子女去学习音乐，以提升孩子的音乐素养。

没有社会主流价值取向作为支撑的教育决策是不能最终发挥作用的，加州和上海两地教育发展情况的不同，大多是由于两地社会发展情况和社会基本价值取向的不同造成的，因此在教育改革过程中，我们必须充分考虑社会背景因素。

充分选择：中学教改的必由之路
——中澳高考比较

中学的教育教学改革遇到了一个瓶颈：高考。从众多考生中选拔出少数人进入大学，于是竞争激烈，加之人数众多，市场用人的高学历化，社会、家长、学校、教师、学生都紧紧盯住高考，竞争激烈程度日甚一日。中学实行课程改革，减轻学生负担，实施素质教育，高考成为制约中学教改的瓶颈。解铃还须系铃人，制约教改的是高考，解决问题的还应是高考。

高考的问题在哪里？我们先用一句话描述一下高考：在最少的时间里（2～3天），在狭小的范围内，对考生给予一次性检测。

问题就出在这里，时间和范围是紧密关联的，正因为考试内容范围小，所以考试的时间少，这就带来了许多不公平，不能检测出一个人全面、真实的水平，特别是不能检测学生的个性特长。学生在指定的学科范围考试，以上海为例，语文、数学、英语之外只有历史、政治、地理的三选一，物理、化学、生物的三选一，范围实在有限，学生不能充分选择，在众多学科中，就考这几门，而且大家都是如此。如果是以人为本，就应该考虑到人各有其长，社会需要各种各样的人才，只要特长有益于社会，就应该肯定之、发展之。为什么要用一个模子去套千千万万的考生呢？

澳大利亚的高考除了英语必考之外，另有40多门课可供选择，使学生有充分的选择余地，学生的兴趣、特长能得到充分发挥，因此澳大利亚的高考持续1个月之久，让学生不会因为考试时间重合而错过机会。

从下图可见，我们的教学、高考是一个范围逐渐缩小的过程。

高考内容与社会需要关系图

社会需要非常广泛，中学教育中只能教授基础的、重要的内容，于是范围大幅度缩小；高考不能考查学生学过的所有中学课程的内容，于是范围第二次缩小；每门考试科目都有考纲或考试说明，近年来又有重要知识点、重要题型，这就第三次缩小了范围。我们的几十万师生就是针对被三次缩小的考试重点进行教学、复习、迎考。几年下来、十几年下来，上千万的考生，考同样的科目，学同样的东西，其与原来社会需要的内容差距之大可想而知。社会原本需要各种各样的人才，现在经中学教育出来后的是单一类型的人，由一个模子铸就，这对社会发展是绝对不利的。社会需要的，中学教育不能提供，社会不需要那么多的，中学教育却提供了超过需求几倍、几十倍甚至几百倍的人。这对人的发展也是绝对不利的：个人想学的，中学教育不让你学，或不教你，个人不想学的，中学教育却偏让你学；个人擅长的，高考不考，个人不擅长的，高考却偏要考——学生自我的发展自然受到很大影响。

进一步深究，为什么会产生如此现状，有几个认识上的盲点和理解上的误区。从 A 到 B，即从社会需要到中学课程有一个误区——社会需要面很广，中学不能都开设相应学科课程，只好选择最基础、最重要的来开设。问题的关键是错在把中学生看成一个集合概念，把众多的人当作一个人来看。如果把众人看作有个性爱好、有特长的人，则会进行分类，各学所需，发展各自的爱好特长。

这里也有长期以来认识上的误区，就是必修课大家必修，不能有所选择。其实不然，同一科目难易程度不同、类型不同，与其他学科的匹配关系也不同。比如英语，我们参观澳大利亚一所精英学校（相当于中国的重点中学），12年级（相当于国内高三）开设了五种等级的英语，移民英语、普通英语、科学英语、表达英语（英语演讲、辩论）、"Ⅲ love 英语"（英语最爱），显然，移民英语是浅易的，训练非英语国家的移民子女基本的英语听说读写能力，它与普通英语、"Ⅲ love 英语"有程度差异，科学英语和表达英语既考虑英语类型，又考虑与其他学科的匹配关系，比如选择物理、化学、生物等自然科学的学生选择科学英语，选择日后攻读法律的学生自然应选择表达英语，有志于从事语言文学的学生当然选择"Ⅲ love 英语"。"Ⅲ love 英语"的教材是经典名著，诗集、长篇小说，一本本地读下去。数学也是一样，今后从事纯数学研究的，中学阶段当然应该挖掘得深一点，今后搞数学应用研究和从事理工科学习的，数学应加强应用性，今后搞文科的，金融、财会、统计专业与文学、史学又不一样，后者比前者要求程度浅一点。不同的选择可以给予不同的学分，澳大利亚的升学考试与中学课程设置完全匹配，根据各科的学时数、内容多少、难易程度等因素，确定每门科目的单位值（unite），每个考生高考所选科目的单位值之和不得少于10，学得深一点，相应的内容范围可以窄一点，学得浅一点，相应的内容范围就应该广一些，高校各专业在招生简章中规定其必考科目和级别。大学按考生等级分，即该考生在所有考生中的排名位置择优录取。这就解决了分科分级带来的横向比较选拔的技术问题。

从B到C，从中学课程到高考科目，也有认识上的误区，那就是考试不能加重学生负担，不能加重老师负担，因此只能在3天内考完，考试科目不能多。其实这仍是把考生当作一个整体，当作一个集合概念。考生是由众多的人组成的，是可分类的，只要每个考生考试时间总长度不超过3天，他的负担就不会加重。教师也是，分类阅卷，不同的教师在不同的时间里批改不同科目的试卷，也不会增加负担。学生若选择自己喜爱的、擅长的科目，适合自己程度的等级考试，会信心百倍，情绪高涨。

我们的高考属于一次性检测，加重了考生、家长、学校教师的心理负担，加剧了竞争的激烈程度。显然，这不是以人为本的，以人为本就应该在考试体制和办学体制上予以改革。澳大利亚的考试体制是这样的，决定考生进入大学的成绩由两大部分组成：一部分是高考成绩（又称高中统考），占50%；另一部分是平时成绩，占50%。平时成绩由三部分组成，即模拟统考占40%，12年级二次测验（每学期一次）占30%，学科特色分（比如物理是做实验）占30%。这就淡化了高考的分量，一定程度上减弱了激烈紧张的气氛。

办学体制上以人为本，就应该构造立体的、完善的教育体制网，多通道，可折算，让学生有充分的选择自由，就能从根本上淡化高考一次性选拔带来的社会问题，澳大利亚的教育体制如下图所示：

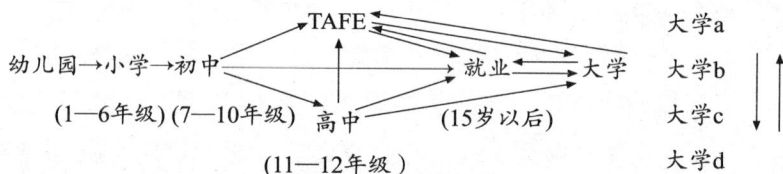

澳大利亚教育体制图

这一体制与中国相比有四点显著不同。（1）初中毕业以后可以有三种去向：一是进高中，一是就业（年满15岁），一是进TAFE（与中国的职校、技校、中专、继续教育学院有相似之处，学生从15岁到80、90岁都可以）。（2）高中毕业后也有三种去向：一是进TAFE（高中阶段可以选修部分TAFE课程），一是就业，一是上大学。（3）TAFE结业（或毕业）后有两种去向：一是就业，一是上大学（TAFE有些课程可折算为大学的相应学分）；就业以后还有两种选择：一是进TAFE，一是上大学。（4）进大学后还有两种选择，专业可以调换，学校可以调换。

这样一种教育体制给学生以充分的权利和自由，因而澳大利亚高考没有千军万马过独木桥的激烈竞争场面。据澳大利亚国家统计局1998年对国内各高校学生的统计，情况如下：

1998年澳大利亚高校学生中，19岁及19岁以下的学生占27%，20—24岁的占32.5%，25—29岁的占13.5%，30岁及30岁以上的占27%。

这个统计表明，澳大利亚的教育体制是很有效果的，终身教育的思想已经确立。

教育体制的改革，高考与中学课程相匹配，高考的充分选择将给中学课改注入活力，使之完全活起来：课程多样化，教材多样化，教学方法多样化，教学组织形式多样化，分层次教学，因材施教，学生自主学习，充分选择，在众多科目中选择喜爱的，在必修课中选择与自己程度相适合、与自己的其他选择相匹配的课程类型，在不同的升学时机中选择最佳路径，个性特长得以发展，社会发展需要得以满足。

社会是多元的，人的个性、爱好也是多元的，如果用单一的形式来束缚，以一元代替多元，荒谬将随之产生，如果用多元的形式来适应它，将会取得很大的发展。充分选择是中学教改的必由之路。

中澳市民教育价值取向的比较研究

由应试教育向素质教育转轨的口号已经喊了许多年，然而收效甚微，实质性的转变没有实现。舆论很是热闹，自上而下，从中央到地方，自下而上，从教师到政府官员，素质教育这个概念出现的频率之高，人所共知。但是在现实教学中，在学生实际的学习生活中，师生所承受的巨大升学压力，依然没有解除。升学的绳索依然牢牢地捆住了师生的手脚。各级政府虽为此做了多方努力，诸如重点中学初、高中脱钩，扩大重点高中招生人数，高考报名社会化，大幅度扩大高校招生名额，以及种种舆论宣传，不能说这些举措没有用，但说到底，就减轻升学压力而言，确实收效不大。

基础教育的问题，需要我们去思考，去解决，然而，如果我们的思考仅仅停留在当前教育所包含的消极因素上，满足于"头痛医头，脚痛医脚"的治疗方案，那是不会取得显著成效的。德国哲学家恩斯特·卡西尔认为，人之为人的特征就在于他的劳作（work），"正是这种劳作，正是这种人类活动的体系，规定了'人性'的圆周。语言、神话、宗教、艺术、科学、历史都是这个圆的组成部分和各个扇面。"而语言、神话、宗教、艺术、科学、历史等都是人类的文明，也是教育的内容，是人性的圆周，简言之，文明是人类在劳作中的对象化，所以我们的思考不应仅仅局限于文明的局部表象上，不应仅仅局限于教育的表象上，而应当深入到其根子——人性上，通过对人性的反思，促进教育沿着健康的轨道向前发展。本文拟从人性的一个重要方面——价值取向，通过中澳对比来分析、认识基础教育的一些问题，试图找到相关原因。

中澳两国在教育上有许多相同之处，都十分重视教育，也都在高中阶段比较重视学术课程，高中毕业时都由相关的教育机构组织统考，统考成绩也是评价学校办学和教师教学的标准之一。然而澳大利亚的学校却没有升学压力，不但没有压力，反而显得十分轻松悠闲。

以语文课为例，他们的中学语文课，教师推荐小说，学生在课堂上阅读，然后完成教师规定的作业，这些作业相当于我们国内的读后感、小评论，教师不作句法分析，不作长篇串讲，只简单分析背景，课上学生就是看书、看小说，十分轻松自在。学校下午3:10放学，3:20全校一个人都没有了。相反，我们国内的语文教学或满堂灌，语法知识、课文分析，或边讲边问，边启发边诱导，一堂课下来教师十分辛苦，学生也在高度紧张的过程中度过。课后的情况更无法比，澳大利亚的学生课后几乎没有多少家庭作业，一般一个小时即可完成，双休日多以参加活动、自由玩耍为主，诸如体育、艺术的活动，或郊游，或party，等等。中国的学生课余时间要做大量的家庭作业，没完没了的书山题海，双休日要上各种辅导班，或找家教，繁重的课业负担压迫着他们。

从上述简单的现象陈述中我们可以看出一些问题，中国市民对教育的理解是学科中心，学科至上，把知识狭隘地理解为书本知识，把教育狭隘地理解为掌握学科知识，训练解题能力，因为他们对教育的理解不是看理论的，不是看宣传的，而是看实际的，他们深知孩子错过了高考机会，就很有可能与发达无缘，甚至不再有重进大学校门的机会，而澳大利亚的市民对教育的理解也是实际的，社会提供了终身教育的机会，从事服务性行业，为人打工，同样能够过上安逸的生活。因而他们对教育的理解是广义的，凡有益于学生成长的活动都是教育，孩子们爱玩就玩，什么时候想学了，都可以学习。这种理解是从学生出发，而不是从书本出发。

从这里就可以看出中澳市民对待教育在心态上的差别，中国市民的心态是急功近利的，追求立竿见影的即时效果，澳大利亚市民的心态相对比较平和，一定程度上超脱眼前功利。进一步推究，可以看出中澳市民在教育价值取向上的差异。中国市民的教育价值取向一般是这样一种逻辑轨迹：教育是为了帮助孩子过上幸福的生活，而取得幸福生活的关键在于有一个比较稳定的、高收入的、体面的职业，这种职业的取得取决于重要的先决条件，那就是大学毕业，特别是重点大学热门专业，因而考上大学，特别是考上重点大学，成了关键中的关键环节，大学是道门槛，迈过去了，从此走向光明，幸福生活的取得有了可能。所以中国市民为了让子女考上大学不遗余力。所以原来并不相等的两个概念，现在却被等同起来，教育价值取向等于高考升学。

这样的教育价值取向会有什么后果呢？教育价值取向的偏颇很可能导致教育的异化、学习的异化。学习应该是人的一种根本性的精神享受，人在这种精神享受中获取全面发展。热爱学习应该是人的生命本性，个体通过学习掌握人类的本质力量，由此可以体验到人生的自由境界。但是，在全力以赴追求高考升学的教育价值取向导引下，广义的学习越来越被迫让位于狭义的学习，人的学习日益符号化、抽象化、狭隘化，与现实隔绝，着眼于抽象的演绎、数字的推理，忽略了与现实生活的广泛结合。而只有将学科教育与实际生活结合起来，只有让语言与丰富的感性意象联系起来，使广义的学习成为狭义的学习的基础和源泉，才有可能产生适合人的天性的快乐和高效的学习。异化的学习使学生囿于有限的活动领域，跟单调的符号刺激物打交道，书本文字隔开了他们与周围世界活的联系，使他们的自然天性一部分被漫无限制地滥用，另外一部分则被长期压抑，在狭义学习的强化中变得日益狭窄。久而久之，学生的身体与心理、右半脑与左半脑、感知与思维、情感与认知，都彼此隔离，除符号认知外的各种身心机能都出现病态萎缩、感觉迟钝、想象力不足，抽象思维由于得不到丰富的感性意象的支持，也经常陷于"短路"，缺乏创造性。学习异化最本质的表现就是背离和扭曲了人的自然天性，通过片面化和强制性的要求，造成了人的内部分裂和片面发展，于是学习成了负担，令人感到厌倦、压抑、枯燥、乏味。

一位来自北京一所二类中学，现在澳中学就读一年多的初中学生陈述了她对中澳教育不同点的认识："这里（澳大利亚）的老师没人逼着你学习，北京的老师一天到晚要你学习，让人厌烦。这里没有那么多的作业，让人感到学习轻松、愉快。"

澳大利亚市民教育价值取向一般是这样一种逻辑轨迹：教育的确关系到孩子的幸福生活，但教育不仅仅局限于书本教育，各种各样的生活能力都关系到孩子将来的生活幸福。只有当人意识到学习的重要性，只有当人自己想学习的时候，他才会努力学习，什么时候进大学都可以，顺其自然是最好的选择。

应该说学校教育确实是广义的：从纵向看，学习时间、学习机会不仅仅局限于青少年，应该是终身的；从横向看，教育不仅仅包括书本知识、符号系统，而且包括生存能力、合作能力，要学会认知，还要学会做事，学会与他人一起生活，学会生存。学校教育对学生最好的帮助，是使学生获得一种本质的自觉，把人类的博大爱心、宏伟力量、深沉智慧，把凝结在产品之上的人类普遍之美，展现并传达于个体的心灵。

要实现这个教育目的，重要的是创建教育者和学习者平等的合作关系。在澳大利亚的学校里，师生关系是平等民主的，学生称教师一般直呼其名，教师称校长亦是直呼其名。学生违纪，教师予以处罚，但学生可以和教师商量具体执行的时间，比如迟到，教师处以放学晚半个小时，但哪一天执行，教师可以根据学生实际情况和当事人协商解决。考试评分，如果学生觉得教师评判不尽合理，可以提出来，如意见正确教师则予以采纳。学生和教师协商，自定学习目标、学习任务，然后和教师签订协议。学生是学习的主人，师生之间尽管存在社会经验和知识水平上的差异，但他们的感觉和情感世界并无本质上的区别，他们在人格上是完全平等的，师生之间需要真诚的合作，以主人的身份共同完成教育、学习的任务。

其次，教师应帮助学生取得成功，积极鼓励他们。学习是对人的生命的自我肯定，儿童只有学得好，才能不断努力学习。学习的成功感、自豪感是产生学习兴趣和动力的根本源泉，澳大利亚的教师积极鼓励学生，总是抓住学生的优点，适时予以表扬。学生练字，100 个字当中哪怕只有两个字写得好，就抓住予以表扬。正面的肯定远远超过负面的否定。

第三，自由灵活的因材施教。澳大利亚的中学教育是自由而灵活的，有班级制，也有年级制。许多学校采用年级制，根据能力不同，进入不同层级的教室上课，一个年级每门课根据程度不同（体育、艺术根据选择门类的不同）分班授课，也就是说，一个学生上英语课可以在 A 班，上数学课可以在 B 班，上自然科学课可以在 C 班，上地理课可以在 D 班，学生有选择的权利。学生可以根据自己的意愿调整学习的进度和速度，可以按部就班，也可以停下来原地踏步，还可以跳过去，到更高层次的班级学习。学生没有什么压力，没有焦虑感，对自己的学习负责，常常自我测试并向老师提供反馈和进展情况，能够根据自己的既定目标进行成绩评估。因材施教能使学生根据各自特点，各尽所能，各取所需。

造成中澳市民价值取向不同的原因是复杂的，有历史的，也有现实的，有物质的，也有精神的。

首先，东西方文化背景的差异、民族传统的差异，是造成中澳市民教育价值取向不同的重要原因之一。中国东方文化是以儒家思想为主体的传统文化，历史悠久，源远流长。就国家而言，教育的目的是治国治民，强调教育的政治功能和伦理作用。政治功能通过科举考试，挑选国家行政管理人员，即选拔官员来实现，伦理作用通过传授儒家伦理思想、道德教化观念来实现。正因为教育目的是治国齐家、修身养性，因此教育内容上过于强调儒家经典作品，而忽视科学技术知识，国家更多的是为培养和挑选优秀的领导者而设教，不是为个人得到充分发展而施教。国家这种以考试成绩为依据的英才教育体系和官员选拔制度，直接影响了百姓的价值观念和思想心态。

在教育目的上，重外在功利而轻内在个人全面发展。看重外在的教育结果——做官，看重教育有可能给人带来的实际利益，而不问内在自身素质的全面发展。"学而优则仕""万般皆下品，唯有读书高"，因为"书中自有千钟粟，书中自有黄金屋，书中自有颜如玉"。有道是"十年寒窗无人问，一举成名天下知"，执着不懈地追求，期待的就是金榜题名，一举高中。就教育内容而言，重教化精神、正统思想，轻实用技能。由于对最终结果的追求，考什么就学什么，考的是儒家学说，学的就是四书五经、八股文，不管它到底能否解决生活实际问题，不管它能否促进生产力提高。学生死记道德教条，脑体脱离，结果举人进士四体不勤、五谷不分成了常事。在师生关系上讲绝对服从，不讲个性。儒家一贯倡导"君君臣臣父父子子""君臣有义，长幼有序"，倡导"三纲五常"，这种严格的封建等级制必然影响师生关系，有道是"一日为师，终身为父""天、地、君、亲、师"，可见老师的地位之高，讲师道尊严，而不讲尊重学生。学生只有尊重老师，尊重权威，只有顺从，俯身倾耳以请，聆听老师教诲，极大地影响了学生个性的发展。在教学方法上只讲严和苦，教师须严，严格要求学生，常言道：严是爱，松是害；又说：打是亲，骂是爱，不打不骂是祸害。学生须苦，学习就是吃苦，吃得苦中苦，方为人上人，提倡悬梁刺股的精神。

这些传统文化、传统教育中负面的内容，经过五四运动及各种思想解放运动的猛烈冲击，现在已经有了很大的改观。但是，我们也知道传统的东西很难被彻底根除，有些方面或多或少仍在影响着人们。

澳大利亚人绝大多数是欧洲移民及其后代，他们秉承的是西方文化。进入资本主义时期的欧洲人踏上澳大利亚这块土地，将它变成英国的殖民地。因而澳大利亚人没有受到封建思想、封建文化的长期浸淫，没有接受封建社会的等级观念和价值取向。他们接受的是资本主义社会的思想文化，所谓个性自由，所谓天赋人权，自由竞争，征服自然，等等。杨振宁说："中国人是社会重于个人，而西方人都是个人重于社会。"（《杨振宁文集》，华东师范大学出版社 1998 年版）这是很有道理的。

在教育目的上，澳大利亚人相对来说更重视教育的内在作用，澳大利亚的教育是从理查德·约翰逊牧师在船上给流放犯人上的第一课开始的。约翰逊以"咒骂之罪恶"为题向囚犯们布教，并取得明显成效。有人说澳大利亚的教育是从道德教育开始起步的，进入澳洲大陆后，菲利浦上校创办的一系列学校也是以道德伦理为主，以提高人口素质为目的。中澳两国传统上都讲道德教育，区别在于中国传统教育背后有谋得一官半职的功利目的，而澳大利亚的早期教育则没有为官这一功利目的，而是要倡导人们积极从善，以后又逐渐演化为重视个人发展。在教育内容上，他们直接接受资本主义改造自然、向大自然索取财富这一思想观念，重视教育对改造自然、推动生产力发展的作用，较早地开设了理科教学内容，开设实用技术课程。在师生关系、教学方法上他们受英美两国影响较大，主张师生关系平等，尊重学生，由严格逐渐走向宽松。

澳大利亚只有 200 多年的建国史，没有背上传统沉重的包袱，这是十分有利的。

其次，从中澳两国的现实国情来看，我们也能找到一些原因。就人口而言，到 2013 年，中国有 13 亿人，澳大利亚有 2300 万人，仅相当于上海市常住人口。就土地面积而言，中国是 960 万平方公里，澳大利亚是 760 多万平方公里。虽然都是土地大国，差距不大，但人均占有的土地面积差距就大了。就物质财富而言，澳大利亚虽被称为资本主义的农村，但以矿产丰富、羊毛产业发达而著称，而且有一套高福利制度，使一个人从摇篮到坟墓都有了可靠的保障。经济上富有加之高福利，人们没有什么生存压力，活得悠闲自在。而且澳政府规定，个人收入越高，所得税的税率越高，年收入 4.9 万澳元以上的税率是 49%，这就大大影响了人的进取心和工作积极性。因此，他们在教育孩子上也显得超脱。相反，中国人口众多，人均占有物质财富太少，待业下岗的概率更大，生存空间相对较小，发展空间也相对较小，因此，人与人之间的竞争自然显得更加激烈，人们只有努力提高自身素质，才能提高自己的社会竞争力，对教育的功利价值期望大，也就十分自然。

中澳市民教育价值取向的不同，各有其正负效应。前面我们主要立足于发展完善的角度，更多地研讨中方的不足、澳方的长处，但也不能忽视另外一面。

澳大利亚市民的教育价值取向也产生了许多负面影响，过于轻松的管理，顺其自然的教育策略，一味强调尊重学生自己的选择，使孩子们养成不思进取的心态。事实证明，澳大利亚的学生同中国学生相比，很多人上进心不强，学习动力不足，刻苦努力程度不够，有些根本就不愿读书，家长也缺乏有效督促。有数据可以说明这一点，15 岁以后（高中阶段）辍学率比较高。据澳大利亚统计局 2000 年 1 月 20 日公布的统计数字，澳大利亚全国范围内，15 岁在校就读学生占同年龄人口的 92.7%，17 岁在校就读学生数仅占同年龄人口的 61.8%。很多学生根本不愿报考大学。据权威人士提供的数据，澳大利亚普通高中生中报考大学的人数比例一般仅占 50% 左右。澳大利亚中学有精英学校，和中国的重点中学一样，通过考试选拔优秀学生入校就读，大多数精英学校里名列前几十名的，绝大多数是亚裔学生，特别是中国大陆来的学生。例如，Hornsby 女子精英学校，全校 75 个特优生（90 分以上），中国移民子女约占一半。我们走访的几所普通中学，刻苦学习的大多数是中国来的学生，成绩好的也是他们。相信孩子、尊重孩子走向极端，也会出现负面结果，孩子毕竟是孩子，在他们尚不能完全自理、自主的时候过度宠爱，也会害了孩子，缺乏管教，更可能使孩子们走向歧途。据统计，一般普通中学，有过吸毒经历的学生占学生总数的 1/3，悉尼恩平男子中学 1100 多名学生当中，每年能抓住 50 个左右吸毒的学生，每年都有 6～7 名学生因毒瘾发作，被送进医院强行治疗。

终身教育固然有用有效，但不能以此为借口，忽视眼下的学习，因为人的时间是有限的，人的季节年龄也是有限的，不同的年龄段有不同的生理、心理特征，青少年是学习的最佳时期，错过了以后很难补上，而且有些根本无法弥补，比如外语的学习，一些特殊技能的学习，必须在青少年时期，耽误不得。有统计资料表明，澳大利亚小学毕业生将近半数不会背乘法口诀表。

中国市民功利的教育价值取向，并非完全不利于教育，只要引导得当，也可以使之成为推动教育的动力。正因为市民的功利心态，所以对危及孩子健康生存发展的毒品，家长是绝对不许孩子染上的，我们的社会、家庭、学校营造了比较好的德育环境，我们在中小学成功地禁毒，社会把毒品源控制住了，家长又积极配合，所以我们可以骄傲地宣告，中小学学生 100% 不吸毒。

强烈的功利心态，使我们对过程和结果都抓得很紧，切实到位，只要是有利于孩子健康成长的，家长就给予积极的配合，因而我们的学生基础知识、基本技能都掌握得比较扎实。

我们的问题恰恰在于度上没有把握好，过了。但只要方向把握准，放总比收容易得多，和欧美国家包括澳大利亚相比，我们教育的总体策略应该是放：太难的，使之变易；太紧张的，使之轻松；管得太多的地方，少管一点。一句话，放开一点。这需要大智慧，现在的中国拥有大智慧的人不多，拥有小智慧的人不少，小智慧者盯住小利不放，视大智慧者为愚，所谓大智若愚。摒弃小利，拥有大智慧，才能改变中国教育的不利之处，这是一个超越自我的艰难过程。

只要方向把握得准，引导得当，我们就能化消极因素为积极因素，变被动为主动，相对较少的生存、发展空间，激烈的竞争氛围，固然有不太平等甚至残酷的一面，但它同时又为人充分挖掘自己的潜能提供了动力，使自己适应社会发展的需求。关键在于政策的引导，导向大智慧，导向创新，导向实践，那么，我们的教育、我们的学生，以及我们的国力就能够可持续发展。

第三辑　且行且思

教育国际化，我们做什么

面对经济全球化的教育背景，教育国际化应该做什么？区域教育做什么？学校做什么？

区域教育做什么

面对教育国际化，浦东新区成立了教育国际交流中心，这是一个面向中小学校教育国际化发展的支持系统建设。我想从三个方面来谈：第一，是什么——教育国际化发展支持系统建设的内涵；第二，为什么——教育国际化发展支持系统建设的必要性；第三，做什么——教育国际化发展支持系统建设的基本内容。

中小学校教育国际化发展支持系统建设的含义，是依托专业组织的力量，建设支持中小学校教育国际化发展的制度、资源体系，为中小学校教育国际化发展提供服务、指导、规范的专业支持。

中小学校教育国际化发展支持系统建设的必要性体现在：首先，这是时代及未来教育发展的需要，《国家中长期教育改革和发展规划纲要（2010—2020年）》和《上海市中长期教育改革和发展规划纲要（2010—2020年）》都提出了教育国际化的命题。浦东新区也提出了"创新浦东、和谐浦东、国际化浦东"的目标，《浦东新区教育发展"十二五"规划》的基本目标就是实现浦东教育的"均衡化、规范化、优质化、国际化"。

其次，这也是浦东中小学校教育国际化迅猛发展的需要。浦东新区外籍人士多——浦东外籍人士增长迅速，现已超过5万人，为其子女提供适合的教育服务需求强烈。浦东外籍学生多——目前，新区有资格直接从境外招收外籍学生的学校 16 所，其中有国际部或国际部教学点的学校 4 所，国际学校 12 所，有境外学生 1 万 3 千余人，占全市的 1/3 强。浦东当地的居民对优质教育的需求也很迫切，许多家长都希望孩子不出国门就能享有能与国外接轨的教育。

浦东教育国际交流中心积极推进中小学教育国际化进程，制订浦东教育国际化"十二五"规划。其他主要工作有：举办校长领导力国际教育论坛；组织外教进课堂，同时也组织教师到海外授课；课程引进，引进国际课程；课程输出，将浦东学校课程推荐给国外学校；课程建设，目前已经出版了《国际理解课程》；校（园）长、教师涉外培训，或聘请外教到浦东来培训，或组织浦东校长、教师出境接受培训……

我以为，所谓国际交流，一个重要目的就是促进国际理解；所谓国际理解，就是读懂对方，同时也是让对方读懂自己。在相互读懂的时候，我们求同——寻找人类的普世价值，寻找教育的一般规律；我们存异——明确文化的特殊性，明确国情的差异性。从而为今后的教育谋划一个更加美好的未来。

当下中小学校教育国际化发展也遇到一些难题。比如：发展不均衡——区域内学校教育国际交流水平不均衡；开放度不够——中小学对外开放程度还跟不上经济社会发展的速度；涉外面不宽——我们更多的是与英国、美国交流，缺少与其他国家的交流；双向不均衡——我们去欧美国家比较多，而欧美教育人士过来比较少；交流不到位——我们对欧美教育的了解是部分的，而不是全面的，好比瞎子摸象，很有可能以偏概全；理解不够深——我们到欧美学校的访问常常是浮光掠影，一不小心就会误读对方……

针对这些问题，建立中小学校教育国际化发展的支持系统，需要区域层面的顶层设计，需要解放思想，激活思路；自主开发，争取支持；扩大开放，全面交流；深度阅读，比较研究；集中力量，破解难题；总结经验，形成优势。以期实现一定程度的突破，包括在办学体制改革、中外合作办学、培育中介服务机构、健全政府教育治理制度、创新人才培养模式、促进浦东教育的全面提升等方面有所突破。

中小学校教育国际化发展支持系统建设的基本内容主要有：

中小学校教育国际化发展制度与机制支持体系。注重长效机制建设，完善中小学校教育国际化发展的制度与规则体系，形成跨处室、跨部门，共同支持中小学校教育国际化发展的联动机制。

中小学校国际化课程建设支持体系。重视语言课程教学，重视学生语言运用能力的培养；多渠道开发学校的国际化课程资源；实施国际理解教育课程，注重学生的国际视野、国际胸怀和国际交往能力的培养；积极探索国际课程的引进、合作与开发，注重规范和管理。

中小学校国际化师资队伍建设支持体系。注重中小学校校长、教师境外研修基地建设，中小学校外事干部培训、双语教师与高端英语教师培训、华文教育（对外汉语）基地建设，输送教师到国外任教，为中小学校国际化师资队伍建设提供支持，开阔校长和教师的眼界，培养一批具有国际视野、适应教育国际化需要的校长和教师。

中小学校教育国际化交流与合作机制建设支持体系。学生海外游学、接受海外学生游学、友好学校建设、中外合作办学等形式，增加和扩大中小学校国际交流的频次与范围，多渠道开发和深化中小学校国际合作，建立中小学校教育国际化发展的双向平等的互动机制，为中小学校的国际教育合作提供支持。

涉外中小学校的能力建设支持体系。通过创设优厚的有利条件，吸引更多国际学校或其教学点入驻浦东；提升新区中小学校的国际服务能力，增强学校的国际竞争力，吸引更多外籍学生就读。

中小学校教育国际化资源建设支持体系。利用现代教育技术，创设多元化的语言交际环境，提供多样化的学习资源，帮助师生分享国际间教育教学及学习成果与经验。

学校教育做什么

进一步更新办学理念，促进学生自主建构，促进学生个性发展，促进学生国际交往能力的提升。

促进学生自主建构。学校教育的目的就是促进学生自主建构，学校教育可以从五大环节来进行：人生理想——人生规划——人生实践——人生反思——人生实现。这是学校教育的中心工作，也是德育的中心工作。德育不是孤立的。德育在哪里？德育在培养目标之中，德育在学校课程之中，德育在学校文化之中。

促进学生个性发展。创新人才的培养不是中学教育所能达到、所能实现的。创新人才不能够批量生产，我们不能把学校教育工作工厂化、工程师化，也就是不能把学生当成物来对待，教师不能变成工程师，喜欢什么都系统化、程序化，否则问题将随之产生。但是创新人才的培养，中学还是可以有所作为的，关键在于顺性，顺应孩子的天性，让孩子自由成长，给孩子特别是特殊孩子以更多的宽容、宽松，给孩子想象的空间，没有想象就没有创造，没有空间就无法想象，现在我们的问题是把孩子的一切时间一切空间全部填满，把孩子的大脑填实，因而必然没有想象，没有创造，我们太功利，太不大气。应该给学生留白，留下更多的空白，让孩子们自己去想象去描绘。课程改革应该做减法，而不是一味地做加法。法国高中每周课时就已由 28～35 小时统一缩短至 27 小时。中学阶段关键是对学生思维习惯、行为习惯的培养。美国把中学生放在一流大学国家实验室和科学家们一起参与科学研究，就是出于这一目的。

基于这样的思路，学校个性化办学首先应确立个性化的培养目标，然后建设个性化的学校课程，进行课程重组、课程重构，在课程建设过程中造就个性化的教师团队，培养个性化的学生。

促进学生国际交往能力的提升。学校开设国际课程的宗旨是：培育青年学生的国际视野，建设学校的和谐文化。通过国际课程学习进一步开阔学生的国际视野，增进学生与国际学生和教师之间的沟通，加深对国外文化的了解，在校园里营造和谐的学校文化氛围。

开设国际课程是学校办学思想、办学理念的一个重要体现，学校要培养的是具有未来国际竞争能力的核心人才，学校的文化应该是开放的。

以上海市建平中学为例。建平的课程文化是开放的，我们不断推进建平中学与国外知名学校的国际课程交流，我们的交流是双向的，一是引进，今年我们引进部分英国课程，并将引进的课程与我校课程体系整合起来，我们所开设的领导力课程深受同学以及教师的欢迎，反响热烈。我们还与法国领事馆和西班牙领事馆合作开设了法语选修课、西班牙语选修课。

在引进国外课程的同时，我们也输出建平的品牌课程，积极推进学校课程走向国际，实现课程的双向交流。我校刘长安老师领衔的"机器人制作"课程，就吸引了新加坡等国家学校的兴趣，他们专门派出教师、学生前来我校进行学习。课程交流将提升建平品牌课程的含金量，实现建平课程与国际课程的对话。

建平的校园文化是开放的，我们不断推进建平师生与发达国家和地区师生的交流，仅 2006 年一年里，学校和两所美国精英学校、一所新加坡中学签署了友好学校的协议，接待了来自美国、德国、英国、新加坡等国，以及中国香港、台湾等地区的教师和学生的访学。其中，德国汉诺威学生代表团在建平生活、学习了 18 天，由欧洲青少年交流中心和 AFS 选派的两名德国交换学生在建平中学进行了为期一年的学习生活。他们与建平学生同吃同住同学习，强化了建平学生的国际交往能力，加深了建平学生对德国文化的一些特征的了解，取得了较大成功。

同时，我们也派出教师和学生出国考察交流。今年一年我们有数十位教师赴美国、英国、德国、意大利、瑞士等国家培训、学习、考察，有100 多名学生出国考察学习，还有学生通过 AFS 项目推荐，到美国高中进行为期一年的学习。

开放培育我们的国际视野，开放加深我们的友谊。

附：

国际视野——教育走向世界的"泛舟"

上海市建平中学"中外融合拓宽平台"的"同一首歌"
上海市建平中学创"新文化运动"办"优质高中"7日谈

为了学生终身可持续地发展，为了学生健康快乐地成长，经过多年办学思想的沉淀积累，建平中学提出了"自立精神、共生意识、科学态度、人文情怀、领袖气质"个性化的培养目标，构建具有建平文化内涵的学校课程，培育具有建平特色的课程文化、组织文化、环境文化、管理文化，力图在建平中学形成以"开放、民主、和谐、进取"为内核的现代学校文化。

百字提示

教育要面向未来，办学也必须走向世界。

建平在走向现代化、国际化的教育过程中，始终将眼光瞄准未来世界。国际课程的推出、交换生的扩大乃至思想观念的解放和拓展，使建平的办学路子越走越宽，学生的受益越来越大。

珍贵画面：谁写《"美"不"圣"收》？

《"美"不"圣"收：一个高中生的留美日记》，光看书名的前半截，可能一些读者会猜测是哪个作家在写海外纪实文学作品，其实不然，这是建平一位叫"张圣豪"的学生撰写的留美学习生活的实录，后由上海锦绣文章出版社出版的很带有个性化的留美日记。

作为建平第一批交换生，张圣豪前往美国学习。据他说："一次偶然的机会让我踏上了去美国的旅程。当时学校给我们高一新生四个去美国交流学习的名额，我报了名，通过了面试、选拔。"当时，他没有想太多，可到了美国，一路走来，则留下了许多值得寻味的脚印，于是就有了这本书的诞生。

从书名一看，就觉得张圣豪是一个很有趣、也很有想法的建平学子。

程红兵校长在"序言"中，对张圣豪公开日记表示赞许，并认为"这更是一种开放的心态，开阔的心怀。有这样的心态，有这样的心怀，就一定有成功的未来。"

开渠引水：国际课程落地校园

建平的课程在走向现代化、国际化的发展中，十分重视汲取当代世界教育的精华，他们的思路是，在开放中引进，在引进中整合，在整合中提升，最终目的是提升建平课程品牌的国际化含量，实现建平课程与国际课程的对话与交流，拓展国际视野，提升课程水平。

2006年，学校与英国剑桥教育委员会和西盎格里亚学院合作，在高一开设实验班，引进部分英国课程，并将引进课程与学校课程体系结合起来授课。引进的英国课程则由英方派遣专业教师授课。开设的领导力、思想方法论等课程深受同学以及教师的欢迎，反响热烈。

此外，学校还与法国领事馆和西班牙领事馆合作开设了法语选修课、西班牙语选修课。

在引进国外课程的同时，学校也积极推进学校课程走向国际，实现课程的双向交流。学校刘长安老师领衔的"机器人制作"课程，就吸引了新加坡等国家教师学生的兴趣，多次前来建平考察学习，刘老师承担了对新加坡教师的课程教学培训工作。

推波助澜：国际教育交流掀浪花

建平与两所美国精英学校、一所新加坡中学签署了友好学校的协议。近两年来接待了来自美国、德国、英国、新加坡教师和学生的访学。其中德国汉诺威学生代表团在建平生活学习18天，他们与建平学生同吃同住同学习，强化了建平学生的国际交往能力，了解了德国文化的一些特征，取得较大成功，得到上海市教育对外交流协会和德国汉诺威市政府的高度评价。

2005 学年度，由欧洲青少年交流中心和 AFS 选派的 2 名德国交换学生圆满完成了在建平中学为期一年的学习生活，建平中学高一也有一名学生通过 AFS 项目推荐，现在美国高中学校进行一年的学习。2006 年年度的交换学生项目，有 2 名欧洲青少年交流中心、1 名国际 YFU 组织选派的交流学生在建平中学学习生活，他们住学生家庭，在校随班学习，和建平的学校文化融合得非常好。在今年 YFU 上海办公室组织的交流会上，建平做了交流发言，得到市教委领导和 YFU 上海办公室领导的好评。

蓄水养鱼：外籍学生适得其所

今年建平在校留学生人数 38 人，来自德国、芬兰、日本、缅甸、印尼、韩国等 8 个国家和地区。建平进一步完善了留学生的日常管理和课程设置，借鉴以往的工作经验，确定了留学生高一、高二年级随班就读和分层语言学习相结合、高三年级独立编班的教学模式，让留学生完全融入建平的文化之中，参与建平中学的所有课程学习。同时，专门为高三留学生设计了相应的课程内容，使他们能够更深入地了解中国，了解中国文化，同时为他们将来的进一步深造打下扎实的基础。针对学校韩国学生较多的情况，学校还专门引进了懂韩语的老师，加强了对留学生特别是韩国留学生的日常管理。经过努力，2006 年在建平毕业的留学生，或经过严格考试与选拔赴美国留学，或以优异的成绩考入复旦大学等一流大学。

风光无限：中国灵魂与世界眼光

"中国灵魂，世界眼光"，一直是建平人追求的目标。为了实现这个目标，他们在课程改革上做足了文章。

按照学生需求，同一年级的英语可以阅读英文原著，也可以分析"VOA"的节目内容，一本既介绍英语知识，又充满流行时尚内容的《空中英语》成为他们的教材。各取所需的结果，就如学生们所说的"第一次感受到了英语的美，第一次体会到了英语学习的快乐"。

肯德基与麦当劳对于中国餐饮甚至中国文化的影响，是利多还是弊多？一场英语辩论会在高二的教室里展开了。一次联合国常任理事国的模拟秀，让许多学生体会到了外交官的甜酸苦辣。英语在这里真正成为生活的一个组成部分，而"英语周"扮靓校园的彩带与气球，更让人们把英语学习与狂欢嘉年华联系到了一起。

"建平中学的英语教学非常有特点，"谈起英语学习，高三（7）班的何璟同学显得非常激动，"我们的英语老师非常幽默，他的讲课方式格外灵活，每个语法点都用例句解释得明白透彻，尤其是模块学习中，使我学到了很多书本上学不到的知识。对于各种英语知识点的学习，都在一种潜移默化中，这种感觉就像是，当你不知道的时候，你不会觉得它的存在，但当你学会了之后，你会觉得它的使用无处不在。"高三（3）班的崔凯这样表示。

在建平人看来，国际交流本身就是课程，甚至是更为综合、更为积极的课程。有人说，建平校园像一个小联合国，来自英国、美国、德国、韩国、印尼、阿根廷的学生和中国学生一样，一起打扫卫生、一起参加各种公益活动。同时，建平大胆引进了其他国家的课程，"领导力""学习设计"等就是英国教师直接授课。用他们的话说，就是要在学习借鉴的基础上打造出立足中国、面向世界的特色课程。

建平的学生每年都有不少参加国际交流项目走出国门，建平的教师也走出国门去经历欧风美雨的洗礼，几乎所有教师都有过欧美考察的经历。开拓视野，加强交往，让建平人胸襟更开阔，目光更远大。用负责外事工作的宋老师的话说就是："我们要培养能够应对全球化挑战的世界公民。"

校长初衷：中国心与世界游

程红兵：学校的发展是基于很多浪漫的梦想。建平之梦就在于构建具有建平特色的，以开放、民主、和谐、进取为精神内核的现代学校文化；将建平中学建成教师、学生、社区、家长共同向往的精神乐园。我们期望的教师具有这样的素养：开阔的视阈、独立的见识、宽广的胸怀、自由的心态；有一种优游的气度，一种自由的情怀，一种人文的理想，一种追梦的执着，一种美丽的教育乌托邦。在学校相对纯净的狭小范围里建立一种共同的价值取向，一种共同的教育哲学思想，营造一种学校精神氛围、一种文化氛围。

我们期望的理想的学生是具有自立精神、共生意识、科学态度、人文情怀、领袖气质的未来人才，是具有中国灵魂、世界眼光的一代新人。

建平人是崇尚理想的追梦之人。

专家评点

《教育参考》主编吴国平：当建平用开放胸怀和文化心态对待、理解异国文化，并用选择汲取先进的东西时，整个学校的架构是会具有前瞻性的，而且培养出来的学生能适应未来与世界。

采写随记

眼光决定前途。在办学上的国际视野，对学校文化的立体化构成具有奠基意义。建平的教育国际交流，必将对学校走向高端产生积极的影响。

（《文汇报》2008-6-22）

美国访学日志选

2008年5月20日　星期二

早上起来，天很冷，穿西服都觉得冷。

上午到一所初中听一堂数学课，这所学校的一排教室刚好面向太平洋，高尔夫球场就在旁边，风景这边独好。学校设施一般，都是普通的平房，上课第一件事就是全体起立，默诵国歌歌词。学生大多数到齐了，教师时而提问，时而讲解，陆续有迟到的学生进门，若无其事的样子，上课的间隙，也有同学被别人叫出去。教师出题让学生解答，有的会做，有的不会做。

接着听了一堂露天的美国历史课，由几个骑着高头大马的人讲美国历史，他们像当年的士兵一样，讲他们的生活，表演当年的生活情景。这种教学形式是我们很少用的。

因为太冷，去星巴克喝了一杯咖啡，然后到蒙特瑞高中，先见了校长。校长说，你们把这所学校当作自己的学校即可。然后听数学课，教学方式也是很传统的，一个白板上的数学题目，老师反复讲解。上课过程中有其他班级的同学突然与老师说两句话，有同学突然要求去取有关的学习材料，都得到允许，但是出来进去都要签到。班级里的学生一共19人，女生占绝大多数，15人，男生只有4人。教师不时叫学生回答。讲完了几道题之后，让学生做课堂练习。教学方式与国内一样，老师讲讲，学生做做。

太阳出来了，人暖和了。

2008年5月23日　星期五

　　今天上午，随蒙特瑞高级中学 12 年级的一个活动小组到森林公园，这里有很多巨大的红杉树，沿途的景致非常美丽，就像台湾东部，右边是大海，左边是山路，在滨海的这边，不时有别墅隐现，很有意思。到了森林，有的学生三五结伴上山，有的在教师的引导下上山。山其实是丘陵，不是很高，山中有一条不大的山涧，溪水自上而下流，水很清，这样的景致在国内经常看到，比如浙江的山水、青岛的崂山，都差不多。到了教师约定的时间 11:30，学生陆续回到烧烤的地方，有两个教师模样的人没有上山，一直在忙着烤肉，烤了许多香肠、牛肉、面包，有意思的是他们不时在烤肉上插一根温度表，看看是否烤好了。肉烤好了，一个教师切成块，学生一个个过来拿去吃，等到所有的学生都吃上了，教师才开始吃。吃完了，教师和几个女生一起收拾餐具，下午 1:00 准时离开，整个过程学生显得非常乖，着装也非常得体，虽然没有穿校服，但没有一个人穿奇装异服，也没有人戴首饰或染发。

2008年5月27日　星期二

　　今天上午我们到 Seaside High School，校长因为上班伊始，显得非常忙，不停地接见老师和学生，布置工作。我们在外面等了 10 多分钟，才进入他的办公室。那是一个非常小的办公室，墙上挂着全校明年的课表，英语课四个年级全上，数学和外语课三个年级上，科学课（相当于国内的综合理科）两个年级上，社会课（相当于国内的综合文科）两个年级上，体育课三个年级上，艺术课两个年级上，与国内基本相同。但是他们的教师很少，每个人都承担了许多课程。

　　校长严肃的脸上露出笑容，给我们介绍课表，告诉我们今天下午有一个校长、教师、学生的座谈会邀请我们参加。期末阶段学校事情很多，校长很忙，可能是要商量下一个学年的课程问题，本周四有空，愿意与我们交流。

我们到学区参加一个有关数学课程的会议，只有6个人，大概是由数学资深教师（相当于国内的教研员）召集的会议。其中一个人感冒了仍然参加，大家都没有感到意外，这一点与国内宣传不一样。感冒很重仍然坚持工作，大家都觉得正常，说明这是他们的常态，与我们国内一样。

加州学校的班额数是30～36人，不在这个倍数范围内的学生不予开班，学生就不能选择。以数学为例，林老师告诉我们，她的学生选择数学，结果多出几个人，不能独立开班，而数学这门课逻辑性是很强的，如果今年没有选上，明年就麻烦了。我们一直认为美国人是最讲人权、尊重学生的选择权的，但看来现实并非如此，伊顿公学可以为一个学生开课，澳大利亚的私立学校可以为两个学生开课，我们建平中学可以为6个选择生物的学生开课，但加州的公立学校因为没有钱所以做不到。加州这个地方听到最多的概念就是没有钱，因为没有钱，所以学生的权益、教学的质量（请低水平的代课教师）受到很大影响，连暑假补课，不论资深教师还是代课教师上课，都是按照代课教师的工资水平发放（低于正式教师的工资水平），因此好教师往往不愿意参与暑假补课。

理想和现实总是有一个平衡问题，尊重学生权利与现实的可操作性、投入与效益的问题，都是需要考虑平衡的。

2008年5月29日　星期四

今天到 Seaside High School，校长向我们做了介绍，学校有1300多名学生，共设1名校长，2名副校长。一个副校长负责学生问题，包括考试、锻炼、情感、就业等方面的问题。（有75%的学生想上正式的大学，但只有40%能够如愿）还要负责帮助家庭困难学生、特殊学生，看守品行有问题的学生。一名副校长负责教师管理和硬件的管理，包括日常教师教育教学管理，反馈教师的教学情况，协助校长聘用教师，一名教师任教两年就不能被开除，两年之内的新教师可以解聘，两年期满教师与学校签订合同，教师签订合同之前要阅读学校关于教师的守则，守则很多，很多学校都是在两年之后给教师一个资格证。

　　校长负责学校所有的财政预算、教育制度、学校计划，所有员工管理、教师聘用、学校课程表、让学生符合毕业标准；与不能毕业的学生父母谈话，确定他们还要怎么学习、补课，如何找工作，8～9月如何补课。加州政府规定，学生180天在学校受教育，一般教师工作185天，副校长工作217天，校长的工作时间长达222天。

　　之后，校长就带着我们到学校里面走走，看看教师上课，坦率地说，这里的教师一个个无精打采，缺乏激情，透露出疲乏的神情。每天要上5节课，每节课60分钟，教师十分辛苦，但收入相对较低。因为这里的房价很高，单凭收入（年薪5万～7万美元）是买不起房子的。校园环境很一般，许多地方都有口香糖。

2008年6月1日　星期日

　　下午5点，我们开车去了即将落户的第三户人家——琼的家里，这家的女主人是一个特别爱说话的小学校长。这家让我们吃惊的有两个地方：一是家里的动物比较多，养了两只猫，一只小老鼠，一只鹦鹉，邻居家的大黄猫经常来找他们家的母猫，按照女主人的话说，它是母猫的男朋友。另一个特别之处是这家的大男孩负责烧饭，男孩只有14岁，烧饭工作非常纯熟，烧好之后，跑来问我们准备好吃晚饭了吗。吃过晚饭，12岁的小儿子帮助收拾盘子、杯子，大儿子井井有条地洗刷，然后有序地把它们摆放在消毒柜里，再把灶台、餐桌抹得干干净净，然后切西瓜给我们吃。整个过程都是大儿子负责，女主人一点也不做。让人惊讶！女主人自豪地说，她的儿子今后成家肯定是一个好丈夫。

　　在大儿子煮饭的过程中，小儿子在上网查阅资料，在做PPT，介绍森林里的动物。

2008年6月2日　星期一

一早起来，没有人，屋子里静悄悄的。不久发现，那个大儿子已经起来做早饭了，有板有眼，有条不紊，征询我们的意见要吃什么，然后开始煮咖啡，烤面包，问我们面包上要黄油还是果酱，一边帮我们抹果酱，一边烧热水。看我们不解，他告诉我们：他妈妈不喜欢咖啡，因而烧热水泡茶。他把热茶泡好之后，去妈妈的房间告诉妈妈。整个过程看了让人心疼，应该说他妈妈这样做在中国肯定不被理解，但毫无疑问的是，这个孩子热爱劳动、甘愿为家人付出的行为被培养出来了，成为一种习惯。女主人把这个男孩在学校演出的舞台剧剧照、小提琴演出的剧照拿给我们看。如果这个男孩在中国，可能会成为感动中国的人物，因为现在中国的孩子除了读书往往什么都不会。

上午到了 Marina High School，一幅很大的壁画呈现在眼前：一条老船停留在蒙特瑞海滨。学校的外观是海蓝色的，学校的很多地方都做成水手屋的样子。进了校园里面，看见一个老人正在给花盆贴标签，非常专注的样子，旁人告诉我们：他就是校长。校长是一个看起来很忠厚的老人，背已经有些驼了。也难怪校长实在太忙，因为学校马上要放假了，很多事情都要在这段时间完成。校长自己动手给花盆贴标签，这样的活在中国是由总务处的职员做的，加州的校长看来要做很多具体事情，既要做教务员的事情，如安排暑假补课的种种事情，又要做总务员的事情。校长说很想把这所学校打造成一个有特色的学校，他把学校定位在海洋特色。校长室就像一个船长室，到处可见船上用品，有矛，有舵，有帆船模型，有帆船挂画，有船长帽。学校的设施向社区开放，是不收费的，但向社区以外的团队组织开放则是要收费的。学校有学生守则，规定学生不能带违禁物品，学校有权搜查学生的书包、衣服、汽车，还规定学生不得带一些高档物品到学校，如果遗失，学校不负责。

这所学校是新开办的，只有三个年级，没有毕业班，学校只有300多名学生，来自不同民族。由于学校太小，教师不够，学生有些选修课只好

139

the third series
且行且思

到 Seaside High School 去上，跨校上课，这是我们所没有的。学校里有一名来自保定的中国男孩，他说他喜欢这个学校，原因是学校没有那么大的压力，每天一个小时的作业很容易完成，有时在学校里就可以完成，他尤其喜欢体育课。

选择加州作为我们访学的地方也许是个错误，因为这里的学校与上海的学校相比，明显落后，无论学校教育质量、学校管理，还是设施设备和教师水平。

给我们做翻译的是一个白人小伙子，中文名字叫马培善，是 MBA 在读研究生，他有志于到中国去工作，给我们做翻译是义务的，以此结识中国人。他在成都读过一年中文，很能吃辣。据他说，美国各州读大学是不一样的，对本州学生的收费标准不同于其他州来读书的人，国内的学生不同于其他国家来就读的学生，读本科的费用每年将近 2 万美元，这是他的父母为他出的，读研究生每年光学费就要 3 万美元，加上住房、吃饭等要 4 万美元，这笔钱他不想让父母出，于是申请了财政贷款，毕业以后还款。

负责我们这项工作的是一个来自台湾的美国人，中文名字叫蔡义美，英文名字叫艾美丽，她的父亲是台湾人，早年离开台湾到巴西经商，后来到了纽约，最后到了洛杉矶，经营珠宝生意，现在在广州开了一家生产珠宝的厂子。她的母亲是日本人，严格地说她的外公是台湾人，她的外婆是日本人，因此，这个身材娇小的姑娘外貌很像日本人，说着非常纯正的英语，又不乏日本女人的柔美。她在蒙特瑞读书，以前做过小学教师，家在洛杉矶，为支付学费到学区应聘工作，利用晚上和双休日的时间读书。她是学区负责数学、英语课程的部门主管，事情很多，特别细心认真，因此总是很忙，天天开着车子到处开会，到学校去商量工作。她始终拉着一个塞着各种笔记本、文件夹和笔记本电脑的拉杆箱，拉杆箱的拉链始终不拉上，便于随时找出东西。有一回，我们问她毕业以后想干什么，她说要去非洲，因为她学的是国际发展专业，兼修法语是因为非洲有许多国家讲法语。我们一下子对她刮目相看，她有这样的雄心壮志，到非洲去帮助落后国家。想一想我们国家的优秀大学生，第一选择无疑是到美国去留学，毕业以后就在美国找到一份体面的工作，成为美国人，几乎听不到、看不到有人要到中国的西北工作，更不要说到非洲去工作。从这个意义上来说，我们应该反思我们的理想教育：我们整个社会功利的文化氛围，影响了我们的学生，我们的学生身上缺少一种勇于担当、乐于担当的理想主义精神，缺少一种人类责任感、社会责任感，更多的是个人利益第一，收入至上。这是值得警惕的。

2008年6月3日　星期二

今天到 Marina High School，校长告诉我们，加州的统一考试有20多年了，社会上有不同的中介组织考试，选择其一参加，考试不通过，有三次补考机会，还不能通过，就不能毕业，不能上大学，晚上就要上学补课。不及格的，可以留级一年。统考只考英语、数学，到了11年级、12年级，学生比较重视，但是这种考试很容易。这所学校的学生喜欢历史和人类学，但最难通过；校长最重视英语、文学、文化、艺术，因此学生在这些方面取得了很多成绩；为了组织艺术活动，教师自己去拉赞助。

加州由教育厅组织 API 统考，主要考英语、数学，从小学2年级到高中，学区每学期组织考一次，也是考英语、数学，每学年三个学期，不及格的人数多了，学校就要受到督学的重点督学，家长有权利提出转学。除了统考之外，还有 GPA 学业成绩考试，由任课老师自己出题，根据学生的考试情况给出成绩评定。

学校家长委员会由18人组成，每个学校派出2名家长参加学区家长委员会。定期开会研究讨论学校教学、学生学习的问题。政府有专项经费支持家长委员会，事实上，高中学校的家长很少参加。

2008年6月4日　星期三

今天梳理了一下几天的观感，一个体会是美国同行的会议真多。

我们一直以为中国教育的管理形式以开会为主，会议多是不争的事实，到了美国加州，到了蒙特瑞，我发现美国同行的会议比中国的会议还多。看来，开会是教育管理非常重要的形式之一。

2008 年 5 月 19 日我们飞往蒙特瑞，下了飞机艾米丽接我们，先到他们学区办公室，马上就参加了他们正在召开的部门负责人会议。美国人的工作强度大，几乎忙个不停，办公室里有两块白板，上面都是备忘录，或者是一周计划，其中会议占了主要内容。

下午跟着艾米丽到一所初中开会，主要是与校长商量有关暑假补课的问题。这里的假期统一补课，将每个学校需要补课的少数人集中起来，在一所学校上课，不收学生的费用，完全由政府出。看到这里的校长工作也很忙，既是校长，又是教务处主任，同时还兼办事员，经常工作到晚上八九点种，吃午饭、晚饭的时间都没有，饿了就吃点饼干之类的。

晚上出席他们一个学区领导向当地社区教育理事会的汇报会。这个会议在每月第一周和第三周的周一开，主席团就是社区教育理事会，由各方面的代表组成，包括学生，一本正经地审议学区的教育工作，下面坐着许多人，有当地的家长，有老师，有学生，以及对教育感兴趣的各界人士。

大会由理事会主持，学区的部门负责人分别汇报各方面的工作。学校的校长表彰优秀学生和优秀教师等。会议一直开到晚上 9:00 还没有结束的迹象，艾米丽只好带着我们先行撤退，去找我们的房东，直到那时，我们还没有落脚呢。

第一天我们就参加了三个会议。

2008 年 5 月 22 日中午，我们出席一次学区范围内的校长会议，这次会议是由学区主持的，这里的学区就像国内的教育局，它们领导学校，校长由它们聘任，学校工作由它们布置检查，不同的是这里的学区的主管是由学校董事会聘任的，由主管聘任副主管、各职能部门主任，而我们的局长是上级领导聘任的，局长对上级负责，这里是学区主管对董事会负责，董事会由各界的人士包括学生组成。校董会聘用学区主管，学区主管聘用校长，校长聘用教师。美国学区是非政府组织，对所在区域的公民负责，体现社区百姓的意志，更具民主的色彩。由于学区校董会的人员构成并非完全是教育人士，而是方方面面的代表，因此他们的意见并不一定专业、不一定正确，因此学区的管理人员经常抱怨校董会什么都不懂，什么都要管，什么事情都要向他们解释。要让他们理解，不但很累，工作效率也受到影响。

学区校长会议的内容太多，非常具体细致，有许多调查表要填写，如调查教师培训的需求、课程设计计划，培训包括对校长、教师和办公人员的培训，有技术培训、沟通交流能力的培训、多元文化背景下的教育能力培训等内容。校长培训包括如何开会、如何写电子邮件、如何推出改革措施。会上还讲到了学校即将接受评估——所有美国公立学校都要接受评估。另外，学校校长要评估学区部门，也是填表。这个会议内容实在太多，甚至学校电脑如何保管也在会上一再叮嘱，学区的大部分主管、副主管、中层都是女的，因而婆婆妈妈就十分明显，会议没有重点，开到后来，许多校长都提前走了。

2008年6月5日　星期四

今天继续梳理自己的感受，发现美国人也非常重视分数、升学。美国人，特别是有点文化的美国人十分重视分数，重视自己的孩子能够升到一流的大学。我们碰到的人，问我们想看哪些学校，提到约克时，无不给予高度的赞扬，肯定这所学校升入大学的比率非常高，这样一种反应恰恰是他们价值取向的直接体现。公民的价值取向直接决定了学校、教师的教育取向，"分数第一"，已经成为加州的普遍追求。

2008年5月27日下午4:30参加 Seaside High School 的座谈会，4:50开始，校长召集4名教师、2名学生、2名家长、1名学区代表，组成学校董事会，讨论怎么用钱、新一学年的工作计划，以及怎么提高学校教学质量。校长首先介绍数学，2008年学生通过率由59%提高到68%，2009年要争取提高到70%，其中高一级考试由45%提高到51%。这些指标分解到各个种群，如非洲裔从45%提高到51%，西班牙裔由22%提高到32%。然后是为此目标采取的措施，包括教师培训、课程设置、学生补课、每项措施所需经费。然后介绍语文，接着是代表们提出问题，校长解释，很多代表不懂一些专业名词，校长逐个解释，讨论对于特别差的学生应该采取什么措施，老师认为这些学生肯定通不过。会议最后要通过决议，校长与校董会主席分别在文件上签字。整个会议过程几乎没有什么认真的讨论，没有切实的批评建议，更多的是在走程序，所以这个会议形式大于内容。

美国人很直接，要什么就写什么，要提升学生分数，就以分数提高为工作目标，旗帜鲜明，不像我们羞羞答答。

2008 年 5 月 28 日去的约克私立中学，招收 8 ～ 12 年级的学生。这个学校收费标准很高，每个学生每年两万美元，学校总共只招收 230 名学生，30 名教师。学校坐落在一个山头上，面积不大，六七幢建筑。一名来自南京的中文教师担任翻译，校长是一个笑眯眯的中年男人，简单寒暄之后，他让中文教师带我们参观学校，并且很自豪地告诉我们，这所学校以招收优秀学生为主，是大学预备学校，100% 的学生进入大学。

因为是私立学校，所以学校有较大的自主权，表现在：

考试选择权。加州的考试可以有选择地参加，认为重要的考试就参加，不重要的可以不参加。加州与中国的教育越来越接近，考试尤其是统考非常频繁，教育的主要目的就是通过考试，这不是我们想象中的美国教育。所到学校都在谈论学校的考试、学生通过考试的比率，没有一所学校谈论他们的课题学习、研究性学习，素质教育的弱化是毫无疑义的。

课程设置权。可以开设一些选修课，他们开设了中文课程。选修课、必修课各占 50%。

其实这所学校硬件条件很一般，电脑非常老旧，一个很小的剧场，设施很陈旧，实验设备很一般，几乎没有什么特别之处，与我们县城里的学校差不多。但学校的优势在于学生，学生都是经过挑选的好学生，大部分学生既要每年交两万美元，又要通过严格的考试，学校对一些特别优秀的孩子给予助学金。这个学校办学成本很低，30 名教师的薪水也很一般，丝毫不高于公办学校，教师愿意在这里任教的主要原因是学生好。

学校对优秀学生采取的主要措施是给学生更多的自由学习时间，几乎每天都有一节自习课，这在公办学校当中是没有的，我们问过 Seaside High School 的校长，他们没有一节自习课。

2008年6月12日　星期四

今天上午在圣盖博参加学区主管与校长会议。会议先由人事主管讲教师培训问题，讨论学区组织的教师培训选择什么主题，小学、初中、高中有分有合，培训者是一些专职人员。由学区组织的大型教师培训每学年三天，在教师培训时间里，学生放假，其他时间段还有学校组织的各种研讨、培训。本次培训小学选择科学作为培训主题，高中校长选择电子白板作为培训主题。

接着讨论暑假补课的问题。暑假学校有专门的校长负责，学区内几所学校成绩差的学生集中补课；也有提高班，从6月2日到7月22日，教师的工资由学区给付，学生补课不用交钱，管早饭、中饭；还有兴趣班，学生要交费读书，如电脑、艺术等。由于学生来自非英语国家的比较多，英语急待提高，所以暑假学校补习英语的也有很多。

下午到 Cabrielino High School，一位来自上海的老师为我们做翻译，校长领着我们参观。学校是一个崭新的学校，有点像我们上海市的寄宿制高中，建筑是深红色的，与我们前面所看到的土黄色的不同，学校有一个大操场，塑胶跑道，人工草坪，学生多达1800人，这在加州算是大校了。学生有60%是亚裔，其中中国大陆来的较多。再就是说西班牙语的墨西哥人，有的学生学习习惯比较差，英语水平几乎为零。学校没有寄宿学生，所有学生都住在附近，或者走路回家，或者家长接送，年满16周岁的学生可以自己开车回家。校长介绍完了之后，就由翻译给我们做介绍。翻译是15年前来到美国的，她是上海体院的本科生，后来读了华东师大的运动心理学硕士生，在上海出版学院教过书，到这里之后担任过特殊教育教师、英语教师、历史教师、数学教师，现在教中文。这里还有代课教师，由于经费比较紧张，每个教师的工作量非常大，从上午第1节到下午第5节，排得很满。有人生病就必须请代课教师，而代课教师的水平通常都不是很好。

晚上出席学校高中毕业班的颁奖典礼。典礼邀请了所有学生及家长到会，表彰优秀学生。这里的表彰很有意思，按照翻译的话说，就是几乎大家都有奖，先颁发的是总统奖。在国内听说过这个奖项，有布什总统的签名，但一看名单，发现不对，有几十个人获得总统奖。翻译告诉我们，这个奖的要求不高，获奖者的成绩差距很大，总统的签名也是统一印制的。成绩好的多半是亚裔，尤其是中国人和越南人，但学校对那些非亚裔且非英语国家来的人，如对那些墨西哥移民的孩子有特别的奖励，这点与中国有相同之处，我们对少数民族就有照顾，分数的照顾、奖学金的照顾。美国还有一个很有意思的地方，各种组织或个人设立了名目繁多的奖励基金，各自的条件不同，学生在网上可以自由申请，而且可以重复申请不同的奖金，颁奖会上看到许多同学拿到了很多种奖金。整个晚上就是颁奖，由于获奖的人次很多，奖励的种类也很多，所以会议持续了近4个小时。

2008年6月13日　星期五

此次美国之行，其实还是一次文化之旅，看到美国人与中国人有许多相同之处，当然也有许多相异之处，但我以为相同居多，相异的都是有原因的。

关于接待。这次美国之行，为了更便于了解美国人的文化特征，我们被安排住在美国人的家庭里，这就有一个谁来接待的问题。和中国一样，愿意接待的总是少数，愿意长时间接待的更是少数，他们的期限是一周。我想，人同此心，接待成人与接待孩子不一样，接待校长与接待学生不一样，多一事不如少一事，这是人之常情。但他们一旦接待就非常热情，接待我们的三个家庭都有教师，而且在我们到来之前都做了充分的准备，把房子整理好，很多细节做了充分考虑，比如给我们相对独立的空间，我们的床头柜上摆着蒙特瑞的城市介绍，在我们的小房间里放着很多瓶装水，浴室里的浴巾足够两个人两周使用，因为太冷把衣服借给我们穿，给我们房门钥匙以便我们任何时间都能回到房间，给我们做好吃的，安排我们去水族馆，带我们去海滩看海景，带我们到朋友家，甚至代我们回答我们一时不便回答的问题，维护我们的尊严，能考虑到的他们都考虑到了，使来客更方便、更开心，这与我们中国人热情待客的文化传统一样。

　　至于在 Seaside High School，校长有点架子也很正常，中国也有这样的校长，有点本事的人多半习惯于拿点架子，也是人之常情。蒙特瑞高中与 Seaside High School 都知道我们要来，但都没有做具体的接待安排，原因可以理解，期末工作繁忙，这很正常，我们在上海也是这样，更多的时间留给来学习者自己去看。两所学校都把他们的特色给我们看，蒙特瑞高中请我们参加他们的郊游，Seaside High School 请我们参加校长、部分教师、部分学生的座谈会。我们其实也是这样，常态的教学学校之间差异不大，或者几乎没有什么差异，没有可看的，我们提供给别人的，多半也是有些不一样的。

英国访学日志选

2006年1月3日　星期二

今天乘了 13 个小时的飞机，好不容易于北京时间 4 日凌晨 3 时（伦敦时间 3 日晚上 7 时）到达英国伦敦西斯罗机场。这是一个非常古老的机场，与上海的机场相比显得很小，但很紧凑，房子内部、走道都是矮矮的，所有的空间都有用场，都是实用的。出了机场，沿途有不少垃圾纸屑，与从罗马机场出来的感觉是一样的，与想象中的发达国家并不匹配。我们入住的宾馆据说是四星级的，宾馆全称是 39B Queens Gate Gardens·London，就在路边，号称大堂的地方其实很小，就是一间 20 平方米左右的房子，一个服务员守在那里。这是一个很古老的宾馆，楼道很窄，电梯也很小，上上下下很慢，十分明显地体现了老牌资本主义国家的特点。进了房间，也是小小的，但应该有的设施都有了，有趣的是做饭的地方就在卧室里，有一扇折叠门，把门一关就是一堵墙，打开了就是厨房。

2006年1月4日　星期三

早上我们在住处周围转了一圈，这里的房子大多五六层，一般都有地下一层，房子都是老房子，但非常整齐，色彩基本是白色的，用涂料重新粉刷过，至于原来是什么色彩，已经无从知道了，而且风格一致，楼下的门大多有两个立柱。也有许多是红砖房，年代久了，颜色变为暗红，整洁干净。有的楼房上有一些装饰性的饰物，给统一的风格增添了个性色彩。

这些地方据说是富人区。

今天上午 9:30 在伦敦大学接受培训，乘地铁坐了 8 站。伦敦的地铁是世界上最早的地铁，可以称得上古老，但很实用，座位一如飞机上的座位，只是没有很高的靠背，地铁台阶的踏脚处用厚厚的铜板包裹着，被无数人无数次踩踏，泛着金光。以后的几天里，我们对伦敦的地铁有了更多的了解。伦敦有 13 条地铁线路，以颜色来标明，地铁几乎把伦敦所有地方都连接起来，你到伦敦任何一个地方，乘地铁都能到达。走路到地铁站最多 5 分钟，十分方便，地铁的车厢都有颜色标识，都有站名标识，你在任何一个车厢都能看到地铁路线，任何一个外国游客只要知道目的地，就能找到需乘坐的地铁，虽然非常陈旧，也没有什么装修，没有什么布置，只有一些普通的广告，有些地方完全是裸露的，有些地方甚至有点残破，但仍然不影响工作。在地铁里，每天都有许多人在阅读，多数人是看报，还有人抱着书在阅读，也许是小说，也许是时尚读物，英国人热爱阅读的习惯让人非常钦佩。

本次培训在伦敦大学教育学院进行。伦敦大学教育学院是伦敦大学的一所研究生学院，为全英最大的专门从事教育及其相关学科研究的学院，而且是全国所有研究评审活动中唯一一所进入最高等级的教育学院。自 1902 年建立以来，该学院在师资培训、教育领域各种高等学位以及相关社会科学、健康、专业实习等方面的教学一直享有国际盛誉。学校图书馆馆藏的大学教育书籍和期刊为全欧洲之最。

伦敦大学教育学院位于中心地区，一个长方形的黑色建筑物，像图书馆又不是图书馆，像厂房又不是厂房，整齐中有变化，有特色。走进去，没有人给我们打出欢迎横幅，没有人接待我们，大厅里有一个接待岛，位于大厅的中间，用桌子围起来，有一个人在那里接受咨询，接待岛的每一个方面桌子上都有一张白纸，上面写着上海浦东校长团（这种接待方式值得我们学习，一切从实际出发，不必过于热情）。进入教室，教授已经为每一个人准备了胸卡、席卡和相关材料。女教授 Pat Clark 做完开场白后进入教学。她特别强调领导学的重要性，她说曾担任过三所小学的校长，认为 headteacher 应该改为 headlearner，强化校长学习，使教师也重视学习，允许教师犯错误，教师也允许学生犯错误。每天的座位都应该换一换，大家可以与不同的人坐在一起。她建议我们参观大英博物馆，认为那里是最好的学习场所，伦敦有许多好的博物馆，学习不只在教室里。

她向我们简单介绍了英国校长的过去和现在，讲英国校长如何领导学校，要求我们写学习日记，记录自己的想法。她还向我们提出一些问题：如何合作学习，大家希望学习到什么东西，自己如何应对挑战。她要求我们每个人谈自己到英国学习的期望、关注点是什么，将这些贴在纸上，并进行小组交流。她认为应该以开放、真实的心态合作，积极提问，做一个好的听众，别人发表意见时，自己不要说话，互相尊敬、信任，要有幽默感。这位英国教授希望激励大家、启发大家成为领导者，希望大家相互交流经验，增进知识，开阔眼界，学会根据学校的特点制订发展计划，实施监督、考评，使学校资源得以充分开发，实现效益最大化，提高学校质量。

她说给我们做讲座的专家是国际知名的、受人尊敬的。她还提到英国肥胖小孩比较多，所以学校注意学生的身体和心理健康。学校一般有两个副校长，分管学校预算、教学。每一所学校都不可能满足全社会不同学生的需求，因此各有特色。

教授最后强调了创新的意义，认为在教学上应该进行创新，思考如何缩短工作时间，提高质量，提高效益。

英国教授的授课方式与国内教授不一样，一天的内容压缩在一个上午，其实就是介绍本次培训的主要内容，信息量有限。

2006年1月5日　星期四

从收获的角度看，昨天最有用的应该是学习日记，以此种形式记录自己的收获与反思。

今天给我们上课的是一位女教师，她的说话方式有点像哄孩子，希望你自己把答案说出来。这大概是说话方式的文化差异。她提到了"智慧学校"的概念，指出智慧学校的领导要关注如何激励学生发展，英国的教育要关注如何教会学生自我学习，教会学生自己思考，自己学习。她提到以学生为中心和以学习为中心的区别：前者更重视教学方法，后者更重视学会学习，鼓励老师研究学习方式。其实，她这种说法不如国内所说的以教学为中心与以学习为中心的区别。

她提到了英国学校强调领导与管理的区别：领导是思想，管理是做。管理是确保你的组织运行正常、有序有效；领导是确保有清晰的眼光、有方向感，确保团队成员跟着你走。领导者必须有一个框架，一个远景。领导者的智慧来自反思，必须创建一所学校的文化，创造一种学习的氛围，师生都有学习的热忱。要创建学校文化，必须关注情感，帮助教师正确理解学生，理解学生生活的环境，理解学生的特殊需求，要帮助学生理解社会。领导者要帮助教师、学生相互合作，促进学生的发展。领导者必须公平地对待每一个人，领导者的道德观念影响了整个学校，精神非常重要，必须把学校当成一个系统来考虑，把发展放在正确的位置上。把学校变成以学习为中心的学校、以学习为中心的领导模式，关键在于激励学生。校长要带领自己的团队一起开展活动，学校需要不断自我更新，要让员工变得更加强大，强调国家培训。

在英国，领导者要有积极乐观的态度，充满自信。校长必须是一位学习的专家，必须是别人的学习顾问，学习的模范。

学校应该有监控，也就是学校的自我评估系统，给员工反馈，观察学生和老师的互动情况。在英国，校长有权随意走到教师的课堂听课，同时让教师有时间相互听课，学校必须有互相信任的气氛，听完课必须和任课教师沟通。校长可以把全校的老师带到其他学校听课。当然，教师经常处在被检查状态是做不好的，所以要老师一起参与检查。同时强调领导与教师相互检查、相互对话。其实，作为领导者，你的员工是经常观察你的，观察你的工作情况，就是一种检查。

the third series
且行且思

英国学校的领导者经常创造机会给员工阅读。由于工作繁重，一般教师都不大愿意阅读，为此领导者规定时间让教师阅读，比如学校大会之前发给教师一篇文章，发掘共同感兴趣的话题，然后组织讨论。在英国，学校每周要开一次教师会议，就教师们共同感兴趣的话题来讨论，还可以在学校工作日程表附设一些给教师的建议或短文供教师阅读，校长要选择精练的文章，通过阅读让教师明确校长的思想。经常让员工就以下问题提出建议：如何提高学校的领导力，如何提高课堂教学能力。把教师们的建议汇编成册，既优化学校管理，又有利于教师提升。国内学校的有些教师不读书的状态很普遍，除了做题，除了看教辅书，其他书基本不看，精神上不像有品位的读书人。

在英国，表现很差的教师可以按照程序解聘，但真正难办的是那些不思进取、也没有什么大错误的教师，不能解聘他们，但又影响学校的整体发展。其实上海也是这样，一部分教师进入无所事事期，工作消极，始终打不起精神，按常规做事，做一天和尚撞一天钟，混混日子，这种状况值得领导者警惕。

2006年1月6日　星期五

今天上午又是一位女教师来上课，几天下来都是如此，搞得我们有些审美疲劳了。

今天的授课内容是英国校长国家标准，这个话题还是让我们为之一振。我们中国人不爱讲标准，我们通常是按经验办事，跟着感觉走；西方人喜欢搞标准，按照标准做事。我以为，有标准还是好事，工作有依据，评价有依据。

她说：英国的校长标准自2004年开始实行，这是一个基础标准。潜台词很清楚：没有什么好讲的。

果然，女教师立刻撇开英国校长的国家标准，转而介绍如何遴选和考核培训校长。在英国，一个校长职位有十几个人竞争，国家教育网站公布最新的招聘政策，校长、老师都可以查阅到并进行网上交流，可以在线学习，可以实际对话培训。相关机构组织考察申请当校长的教师的交流能力、实践应用能力；专门评估候选人，评估其职业素养，包括信息分析能力、正确判断能力、领导能力、组织能力、交流能力。候选人必须参加为期8个月或者为期15个月的培训，自选其中一种。候选人所在学校的校长必须出具推荐信，培训费用主要由候选人承担，所在学校最多承担20%。培训不能随意退出，除了不可抗拒的因素，如怀孕、生病。每位学员都有一名导师，多是资深现职校长、退休校长、督学、政府官员，伦敦有70名这样的导师。校长、候选人、导师三方签订一份协议。

培训之后要由导师对学员进行评估。评估之前要与候选人所在学校的校长、下属、学生家长谈话，候选人要向导师展示自己在学校工作中取得的成绩。导师根据候选人在现场的表现进行评估，还要看候选人有无发表文章，看他的学术水平、演讲能力，候选人提供文字证明，校长要签署意见。

看来，英国校长的职前培训、职前考核评估做得比较到位，这一点值得我们学习。相对说来，我们做得粗，英国人做得细。比如候选校长的培训费用主要由本人承担，这就强化了他的主体意识，会十分珍惜学习机会，认真对待申请聘任校长的整个过程。在中国能上不能下的文化环境里，我们更应该审慎对待校长的职前培训遴选、考核评估，把真正能胜任校长职务的人选拔出来，这是办好学校的关键一步。

2006年1月7日　星期六

我们赶往剑桥大学，这是一所令人神往的学校，古老的剑桥处处透露出浓浓的文化气息，无论是它的建筑，还是它的大树，无论是穿校而过的剑河，还是河上一座座并不高大的桥梁。教堂与教学楼，绿草与大树，河水与小船，破旧的墙面与幽深的小巷，是那么自然，那么和谐，那么令人爱怜。剑桥的许多建筑都使用古老的木头门，看起来非常破旧，给人历史悠久的感觉。走在剑桥的路上，几乎处处是景，处处让人叹息。

剑桥是世界十大学府之一，73位诺贝尔奖得主出自此校。大学没有围墙，也没有校牌，整个校园郁郁葱葱，南北走向的剑河微微弯曲，穿城而过，垂柳沿岸，一派田园情调，剑桥大学几乎所有著名的古老学院，都坐落在剑河旁边。剑桥的许多地方保留着中世纪以来的风貌，到处可见几百年来不断按原样精心维修的古城建筑，许多校舍的门廊、墙壁上仍然装饰着古朴庄严的塑像和印章，高大的染色玻璃窗像一幅幅瑰丽的画面。

剑桥里面气势最宏伟壮观的建筑，是国王学院（King's College）的教堂。它耸入云霄的尖塔，早已成为大学和小城的地标。教堂从1446年开始兴建，历经四个朝代七十年才完工。国王学院的礼拜堂是剑桥的荣耀，也是公认的全欧洲最出色的哥特式建筑。教堂唱诗班吟唱的圣诞颂歌，传遍世界各个角落。

皇后学院（Queen's College）坐落在国王学院下方，它是由两位皇后建立的。世界各地的游客来到这里，一定不愿错过去看看学院里跨越剑河、连接新旧两边的数学桥。它是由数学天才牛顿当年根据自己的精确计算建造的。最早的数学桥没有使用一根钉子。后人为了整修拆了重建，结果再也无法恢复原状。今日数学桥上的钉子，似乎在提醒人们发现地心引力的天才牛顿，并不是代代都出现的人物。人们到了剑桥也一定会去看一眼，传说是从牛顿苹果树插枝再生的那棵老苹果树。

剑桥之美融合了乡间的宁静、古典建筑的精美，突显出跨越时代的特质。这里新旧结合，充满了对比，四季景色变化多端。狭窄幽静的小巷有时豁然开朗，通入广大的庭院。闹市与庄严的学府比邻而居。小河两边，青草与古老的教堂相映成趣。逛街的时候你会猛然意识到，自己所见到的所体会到的，也正是当年鼓舞牛顿、米尔顿这些前辈追求学术专精的环境。人和历史的关系如此紧密、明显，思古之情油然而生。

▶ 国王学院和它的教堂

　　剑桥和牛津的风格迥然不同：牛津雍容华贵，有王者的气派；剑桥幽雅出尘，宛若诗人风骨。金耀基在他的《牛津深呼吸·牛津与剑桥》中说："剑桥的调子是轻柔的，叙缓的，她不稀罕你赞美，她大方高贵中还带几分羞涩。在云淡风轻的午后，在夕阳晚照的傍晚，从容地踱进三一学院伟大的方庭，小立在克莱亚学院的桥头……倾听奇妙的钟声，那么，你算是遇到了剑桥，拥有了一刻即是永恒的精神世界。"一位华裔美国学者说，清华园、未名湖，甚至哈佛、耶鲁，都充满着浓郁的商业气息，也许只有康桥河畔，还静静地流淌着徐志摩式的优雅大学梦。徐志摩在《再别康桥》那首名诗中所歌咏的：……但我不能放歌，悄悄是别离的笙箫；夏虫也为我沉默，沉默是今晚的康桥！悄悄的我走了，正如我悄悄的来；我挥一挥衣袖，不带走一片云彩。

2006年1月9日　星期一

　　今天的课题是"教师专业化发展"。老师从地铁工人罢工讲起，认为这也是学习的一方面。

　　什么是教师专业化发展？英国人的理解是：教师这个职业始终伴随着

学习，不断更新价值观、知识、能力，以适应未来。为什么进行教师专业化发展？一般说来目的包括：支持教师自我评价，帮助学（包括学生与教师）与教，影响教职员工的招聘，帮助、支持教师的工作与发展，帮助学校发展和转型，建立共同解决问题的文化，促进积极的学校文化，提升领导能力。以上因素因校而异。

至于如何进行教师培训，英国的相关教育部门达成几条共识：以学生为中心来发展教师的教与学；教师和学校其他所有工作人员都必须接受这样的培训，给教师足够的支持，给员工同样的机会；专业培训必须与教学紧密联系，关注课堂实践，要鼓励将专业培训的成果应用到教学实践中；将专业发展与职业晋级相联系，通过参加培训，晋升教师的职位。英国人认为专业发展与职业发展是两个不同的概念，专业发展是帮助你做好一件事情，做好你现在的工作，职业发展是帮助你晋级，与工资紧密相连，现在要将二者结合。

培训的具体方式是正式的好，还是非正式的好，英国人对此有争论。英国教师培训面临的问题就是每周把老师送出去一天接受正式培训，课程很好，但在实践中应用不了。学到的东西没有与他人分享，第一年新教师的培训，10%的时间听课，有一个档案；第二年就中止听课了，未能得到持续培训。学校没有对教师培训进行长远规划，不同教龄的教师培训没有区别。针对这些问题，一些英国学校把两三名教师送出去，请大学教授进行培训，校际之间共同培训。之后将受训内容传达给其他教师，还要向董事会报告，带教其他教师。

除此之外，学校还要搞专门的研究，让教师研究教学中的问题，这也是一种培训方式，即所谓非正式的培训。教师的发展体现在持续思考正在做什么，鼓励这样一种反思的精神，强化教师的知识与技能，改进教师的教学，鼓励教师专业发展，增强教师的激情。教师专业培训和自我学习不是强加的。以前的教师培训更多的是学校和政府的安排，现在要逐步成为教师自身的内在需求。学校培训以校为本，方式可以是观察与反馈，同伴互助，关键在于校长要帮助教师找到发展重点，帮助教师明确什么时候该接受培训。

下午的课程内容是"校长的眼光与价值观"。

主讲教授首先要我们思考以下问题，并用图片表示自己的答案。

学校里最令你骄傲的是什么？

学校里最大的问题是什么？

你是谁？什么让你感兴趣？是什么原因促使你做事情？

你希望一年后你的学校处于什么样的位置？

过去英国的教师有这样的观点：竞争有利于学习。今天我们怎么看？

过去英国的教师喜欢给学生贴标签：好的、不好的、笨的、聪明的，今天我们怎么看？

英国教授的这几问，我以为很有意思。学校里有很多问题，有的校长是视而不见听而不闻；有的校长是束手无策，徒唤奈何；有的校长是眉毛胡子一把抓，无主次之分，无轻重缓急。我以为一校之长首先要分清什么是关键问题，如何破解关键问题，进而带动其他问题的解决。

英国提倡校长必须保持发展的状态，让每个人具有价值、意义，让每个人都得到注意、得到关心，必须敢冒风险，必须有雄心、有自信，同时虚心听取他人的意见、建议，必须对所在的社区负责，必须关注未来，责任分享。校长应该对学校发展的未来有长远打算：学校发展的 3 年计划，学校发展的 5 年计划，学校发展的 15 年计划。学校的愿景：不是政府一方面的，也不是家长一方面的，而主要是学校自己的。学校的愿景取决于价值观，必须能与别人分享，必须考虑到社区的因素、家长的因素、政府的因素，必须是令人兴奋的，校长必须关注愿景和价值观如何在现实中体现。

英国提倡校长应该持平等、尊重、信任、宽容的心态，可以就价值取向的问题征询教师、学生、家长的意见，找出共同点。同时经常问自己：

the third series

且行且思

你是否经常对你的价值取向进行反思？学生最担心的是什么事情？教师最关心的是什么事情？二者是否一致？你去了解了吗？学生、家长对学校哪些事情最不满？哪些事情他们认为是最可怕的？校长应该对他们的答案进行深层次的反思：如何利用这些问题？如何利用这些答案？校长工作一天之后，大脑里第一个蹦出来的问题是什么？为什么是这个先蹦出来？都要深入思考。

英国教授的这些问题我以为还是很重要的，现在我们的校长习惯于向别人提问题，我们的老师习惯于向学生提问题，但都不习惯向自己提问题。向自己提问题是促使自己进步的开始——这是我的想法。

2006年1月10日　星期二

今天上午的课题是"道德问题"。

执教者是一名黑人女校长，她先谈到英国很多学生阅读与数学达不到基本的要求，造成这些问题的根本原因主要是道德。何以得出这个结论？原来英国有很多移民的孩子，他们的母语原本不是英语，造成阅读与数学成绩差，归根结底是校长的道德问题，她认为没有一个合格校长可以不把道德问题作为主要问题。她所说的道德问题涉及种族、文化、平等、权利，等等。她认为校长要理解每一个学生，尤其要付出更多的努力去理解黑人老师、黑人学生和少数民族的孩子，他们在英国社会、英国学校很难融入当地的文化，尤其需要校长的理解；只有校长真正理解了他们，才能创造反映多种族特点的学校文化理念。她说现在的英国学校还存在许多不平等，亚洲人、黑人教师在英国得不到公平的待遇。

这位英国校长的话启发了我，教育的问题不仅仅是教学的问题，很多问题说到底是道德问题，教育即道德！上海的学校虽然没有种族问题，但与之类似的情况也是有的，比如农民工子女问题，比如我们的学校总有一些反应迟钝的孩子，总有一些成绩差的孩子，他们有他们的权利，我们的教师、我们的学校是否在一些问题上自觉或不自觉地侵犯了他们的权利？

如果有，那就是不道德的！我们需要深刻地反思，以警醒自己，不应该再有类似的情况发生，人人都是平等的。

下午我们去参观自然历史博物馆。这是一个宏大的建筑，里面有许多可供人观察、触摸的实物，我想，他们充分考虑到了人们特别是孩子们的特殊需求。我们第一个看到的是恐龙馆，里面收藏了许多恐龙化石，有的恐龙标本非常非常大，他们都把它支撑起来，让人震撼；有的恐龙又非常小。恐龙馆把有关恐龙的知识用形象直观的方式加上文字图表呈现在人们面前，既普及了相关知识，又让孩子们对之产生兴趣。整个自然历史博物馆不但陈列了许多动物化石和动物标本，介绍动物，还对地球本身进行了非常直观、细致、形象的介绍。孩子们在里面可以呆一天时间，里面还供应午餐。这样的教育方式我觉得非常好。我们在参观的过程中看到了很多中学生，也有一些小学生在家长的带领下参观。对比上海的科技馆，除了收费与不收费，更大的差别在于，伦敦的博物馆更人性化，声、像、光、体等全方位呈现，充分调动参观者的视觉、听觉、触觉等多种感觉，馆藏更丰富，更有价值。

2006年1月11日　星期三

今天好不容易来了一名男教授给我们上课，他讲团队合作，一上来就引用孔子的话：人无信不立。这个开场白很亲切，不说别的，对从中国来的教师说中国名人的话，无论如何都体现了对中国人的尊重。

紧接着他抛出一个问题：为什么一定要让学生穿一样的校服呢？学校喜欢学生穿校服，而学生不喜欢穿。据他的研究，强制学生穿校服不利于学生的智力发展。——说这件事不是目的，而是作为引子，引出关于自主办学的事情。

他说学校应该自己设定发展目标，而现在英国的学校教育变成由政府独断，政府决定学校教什么、怎么教、怎么考、考什么（英国学生16岁要参加统考），他认为这些通常应该由学校决定。比如教学目标，现在政府对教育的产出非常关注，为了保持这个国家的经济发展，必须有优秀的人群，必须引进移民，于是伦敦的学校有很多来自不同国家不同民族的移民学生，语言种类多达220多种。这样，要让这些学生达到同一水平是非常困难的，应该由学校因材施教，由教师因人施教，设定不同的目标进行教学。又如就内容看，今天知识更新速度很快，6年之后有些内容会变得非常陈旧，但是学校课程内容却没有多大变化，他7岁的女儿与他所学的东西没有什么差别，除了电脑。很多学校依赖教科书，对一些现行发展的东西没有敏感性。英国的教育应该非常注重教的内容，应该思考如何让学生学会学习，而不是不断地增加考试。考试越多，学生学习的积极性越差，适当地减少考试，有助于学生提高学习的积极性。

英国教育应该有所改变。课程改变需要有创造思维的校长来实现。创造性的工作能够延长人的职业寿命。丘吉尔是一个很好的领导，但他是一个非常独断、难以合作的人。学校有这样的领导短时间里可以解决一些问题，但不能帮助学校长期发展。校长必须同时做三件事情：领导、管理、行政。领导就是决定方向，决定做正确的事情。管理就是让方向更加清晰，可以实现，用正确的方法做事情。有些事情是非常紧急且很重要的；有些事情不紧急，但是非常重要；有些事情紧急，但不是非常重要的。校长要学会分门别类处理好这些事情。行政就是清除行动中的垃圾、障碍，使道路畅通。做事情，要把三件事平衡好是不容易的。

领导模式有带头冲锋式、命令式，这两种模式都是落后的，都是不适合的。领导模式往往不是单一的，而是混合的。愿景型的——学校员工对发展目标非常清晰，对未来五年的发展变化非常清晰，了解学生状况，师生处于非常愉快的状态。教练型的——领导鼓励大家沟通交流，促进员工交流。团队型的——领导走出办公室与教师交流。民主型的——通过团队合作找出问题解决的答案，帮助发现、解决问题，鼓励各部门独立操作。指导型的，由上往下指导，压力堆在别人身上。命令型的——一直拥有答案，生怕员工超过自己，只有自己是一朵花。综合型的——领导是终身学习的人，帮助整个团队发展，不单单是一个指挥者，而是把手下人组织起来，朝前发展，激励员工，帮助并支持员工发展。

领导者不能只注重个人成绩，而应该关注团队的成绩。校长把员工看作为你工作的人，还是与你一起工作的人？认为学校是大家的学校，还是个人的学校？对这些问题的选择直接决定了你是一种什么类型的校长。对一个新员工要说明三件事情：学校的价值取向、学校的精神、学校的文化。

人类的智慧天性被强力控制就会产生依赖性，这是有局限性的。学校是一个团队，需要合作，小组共同做决定。一个好校长要有激情、会学习、有领导技巧，批评之前先换位思考一下，自己是否能够做好这件事。一个好教师要热爱职业，有专业竞争力，对学生有美好的期望。

2006年1月12日　星期四

今天交流的话题是"英国教育政策"。

现行的英国教育体系是"二战"后建立起来的，政府的作用是建立整个框架，地方教育组织实施，学校以学生为目的办学，董事会决定学校大事，校长对董事会负责，以国家教学大纲为指导安排学校教学，参加全国统考，成绩公布在网上，这无形中增加了学校的压力和学校之间的竞争，学生学习很大程度上是为了应付考试，每所学校每三年必须接受检查，没有通过检查，学校必须关掉，校长压力很大，教师也感觉工作量和压力很大。为此，政府从社会上招聘许多人到学校来帮助教师工作，减轻教师工作负担。

现在英国的教育希望来一场文化变革，变革的一个重要方面就是培养校长，学校办学最主要的因素是校长，校长在整个教育系统中处于领导地位，在社区中起领导作用，与其他学校交流，而现在英国的校长老龄化倾向比较严重，因此校长的培养刻不容缓。英国重视校长培训，国家成立校长培训中心，同时让优秀校长兼任几所学校的校长，帮助培养其他校长，这些优秀校长被称为"超级校长"。

变革的另一个方面就是强化教育的平等性与多样性。现在英国学校有大量不平等的现象，2006年16岁学生有50％没有通过国家统考，随着年龄增长，学生之间的差距越来越大，教师认识到学生的问题，但无能为力，只能做挽救工作。国家希望学校加强对16～19岁学生的教育，希望教师以学生为出发点，阻止过早地给学生下判断，过早地给学生分类，希望学校保证学生的安全、健康，希望学生享受学习过程，今后为社会做贡献，同时个人也能获得经济利益。政府希望现在的教育大纲要适合不同文化背景、不同基础的学生，教育大纲应该更加职业化，而不是学术化，能够出现不同种类的学校，满足不同学生的需求。

英国新的教育法已经提出：家长是学生发展的原动力，学校有更多的自主权，关注学生的个人发展，注重不同种类的学校发展，让政府的力度变小，加强学校之间的合作。有许多学校对此表示反对，因为这些加大了学校的市场化，英国政府希望教育完全市场化。

2006年1月16日　星期一

今天，英国老师给我们讲参观学校之前的注意事项。

第一，要知道英国的学校是各不相同的，不要把你看到的学校当作英国学校的情况。她原来所在的学校有400多名学生，已经算大规模的了。讲40多种语言，有20％～30％的学生享受免费午餐（意味着家庭条件比较差），有的学校只有3％～4％，有不少学生对学校教育有特殊需求，20％的学生需要在情感上接受特殊照顾，20％的学生需要在学习上接受特殊照顾。

第二，要明确什么样的学校可以称为好学校。过去学校是工厂化的模式，现在应该转变为有智慧的、更加灵活的模式，学校成为社区的中心，关心学生全方位的问题，帮助教师从繁杂的事务中解脱出来，减轻教师的工作负担，这就是好学校。一个美国作家对好学校做出如下定义：不仅有好的课程，更重要的是为学生提供活跃的气氛。判断一所学校好坏的依据不仅是成绩，还要根据国家现状、地区现状，看学校是否有高期望值，学校是否随时间变化，是否与时俱进。

2006年1月17日　星期二

今天，我们乘坐黄线地铁到达伦敦地图的最东面 Tower Hill 站，然后换乘火车，继续往东走，一直到终点站。下车后走了 10 多分钟，给我们带路的是伦敦大学的一位教师，他也是第一次到这所学校，找了半天没有找到，问了两个白人，都不会讲英语，问了第三个才找到学校，学校名叫 Kingsford Community School，翻译过来就是金斯福德（社区）学校，很有意思的是，校长的名字与学校的名字挂在一块牌子上。学校是新学校，没有豪华的大门，只有一个很简单的玻璃门，与一般的家庭楼道门没有区别。

走进之后，就被领到学生阅览室。许多学生围成一圈欢迎我们，七八个黑人孩子用击鼓的形式欢迎我们，有节奏的鼓声让我们感觉仿佛到了非洲大地。接下来，我们和围成一圈的同学一一握手，每位同学都用不同的语言向我们问好，一共用了 28 种语言。真是多元文化的学校！

这所学校于 2000 年建校，2002 年搬到现在的新校址，是私人出资建的，但它是公立学校。学校有 1500 多名学生，一共讲 44 种语言，来自世界各地的移民都有，校长是一位来自加勒比海美洲国家牙买加的中年女性，灰黑色的皮肤，她是语言学老师出身的校长，因此非常重视语言教学，要求这所学校的所有学生都要学中文课程——这是伦敦唯一一所将中文作为必修课的学校。16 岁毕业前夕，学生到海外体验生活，有到中国的，也有到法国的。

女校长为我们做了一个简短的欢迎仪式，同时表示抱歉，因为接下来有两天时间她要出席香港汇丰银行支持教育的有关会议，把接待我们的任务交给了副校长——一个满脸胡子的白人老头。他们的工作做得非常细致，将我们在校的 5 天时间做了非常具体的安排。没过多久，他们就把饼干、茶水、咖啡送上来，让我们自由享用，这一点与伦敦大学完全不同，热情得多。这所学校也有中文教师，一名来自山西的女教师来到我们这里，看到中国人，我们总觉得非常亲切，她在这里已经三年了，她的先生也在这所学校，他们还买了房子。

学校专门负责接待的高级教师，一个身高1米90左右的小伙子，大概30岁，领我们参观学校。学校有一幢教学楼，一座室内体育馆，一个室外的灯光操场，一个非常大的足球场。应该有的都有了，非常紧凑，占地面积并不大，但是非常实用。

学校安排几个成绩非常好的学生领我们去听课，我们分成四组，分别被一名同学领去，先听了半节科学课，然后去听体育课、戏剧表演课。同学领着我们走来走去，这种听课的方式倒是非常实用。

午餐非常好，有三明治，有面包，有日本寿司，有三文鱼片，还有饮料，大家明显是吃饱了，都非常满意。吃过中饭，又一位中国女教师过来了，她是来自西安的一位大学教师，我们向她了解到不少情况，工资待遇上，一般教师和从事管理的人员有明显差距，管理干部要高出许多。她在这里工作6年了，每周有19节课，每节课1小时，早上8:00到校，下午3:00离开。她每月的工资扣税之后是1700英镑，房租每月要交400多英镑，每月吃饭要用去300～400英镑。这里的待遇实际上并不比中国高，因为在中国除了正常的工资之外还有其他收入，比如家教收入是比较可观的。我们问她为什么选择这里，她说这里的环境比较好，空气新鲜，没有什么污染。

但我感觉这里的环境比澳大利亚差很多，澳大利亚的环境比英国不知要好多少倍，大片大片的绿地到处都是，而且大多数时间十分晴朗。在英国的这些天里，几乎都是阴天，有时下毛毛雨，难得有几次出了太阳，但时间不长，很快就又转阴了。德国的环境也比这里强很多，树林很多，覆盖面很大。

吃过午饭不久，我们就回来了，他们很实在，没有什么事，就让我们提前回来了。

2006年1月18日　星期三

今天，我们用了一个多小时的时间来到金斯福德学校。一上来，就由昨天那位高级教师领我们参加他们的教工晨会，每周两次晨会，校长先讲了几句话，然后几个中层干部讲了几句，都是布置工作性质，协调一下，总共10分钟时间，没有人做别的事情，大家精力都非常集中，效率很高。

学校分管特殊学生教育的一位女教师，领我们到校外与学校比邻的一幢房子里。这是学校租下来用于教育特殊学生的，这些所谓的特殊学生都是表现特别差的，有的甚至有暴力倾向，这些孩子被单独关在这里受教育，如果上午表现好了，下午就可以参加体育活动，这里的体育活动器材十分丰富，孩子们可以尽情地玩耍。如果表现不好，则被关在这里念书。七八个孩子坐在沙发上，他们都是经班主任多次管教但效果不佳，报给年级长，由年级长推荐，经分管特殊教育的负责教师同意，与家长协商后，每周根据情况关在这里学习一两天，其他时间回到正常班级。这里的学校对表现不好的学生是有惩罚的，关在这里就是其中一种，表现实在太差的，学校可以劝其退学。在班级里，学生若没有按时完成作业，就不能参加正常的学习，被孤立在教室的一边，先把作业完成了再说。体育课上也有学生被孤立在一边，这是教师对他们的一种惩罚。

我觉得英国这所学校的这种做法，是从实际出发的，后来经了解，这种做法在英国很普遍，很多学校都有类似的举措。学校教育应该有鼓励，但同样不能没有惩罚，没有惩罚的教育既是不可能的，也是不实际的。

英国是有班主任的，班主任没有额外的津贴，每个人都有责任做班主任，根据工作需要安排，教师不能推辞。

接下来我们去听课。听了一节英语课，16名学生，学生带着自己喜欢的杂志，介绍评论，写读后感之类的，学生的作品应该说是不错的。下一节听电脑课，老师一上来先检查作业，没有完成作业的不上新课，而是在一旁补足作业，然后老师给其他同学每人一个任务单，似乎各不相同，同学们各忙各的去了。

中午吃饭时间到了，事先征求我们的意见时，我们表示想看看学生吃什么，于是校长的私人秘书把我们领进了他们的食堂。食堂不大，旁边还有一个礼堂，用来进行学生演出，也可以作为学生饭堂。他们中午 12:20 是吃点心的时间，中午饭在 2:00 开始。为了适应我们的要求，他们提前为我们开饭，这一顿饭量非常大，两块很大的羊排（这里的羊肉没有膻味，据说是因为吃草而不是吃饲料）、3～5 个炸薯块、4～5 个土豆、几块胡萝卜，还有一碗蛋糕、一听饮料，吃到最后，我们都吃不下了，实在太多。回到会议室，也即我们的休息室，那位 1 米 90 的小伙子扛了两箱黑啤酒，给我们每个人一听，啤酒的味道确实不错，但实在喝不下了。副校长过来问我们明天想吃什么，我们回答想吃中餐，副校长想了一下，征求我们的意见："去中国餐馆吃，怎么样？"大家都开心地说好，我们又一次领略了这里校长的豪爽。他们都到中国去过，和中国的校长有过多次接触，知道中国的文化，也享受过中国校长的盛情款待，了解我们的心理。

2006年1月19日　星期四

早上 7:00 不到，我们乘地铁换火车，一路紧赶，来到金斯福德学校，来参加他们的干部会。8:00 左右会议准时开始，一位黑人女教师主持会议，有几位干部分别讲了话，副校长讲了几句话，都是工作布置，很快就结束了，教研组组长马上回去向组内教师传达，其他人有的留下吃早餐，水果不少，还有面包、牛奶，这时校长匆匆赶来，又和其他几位干部进一步交谈。整个干部会历时不过 15 分钟，这样的会每周开两次。

一位负责教学、教师培训的校长助理给我们介绍学校的教师培训情况。他们是一所新学校，教师培训的任务非常重，有很多助教没有教师资格证书，很希望获得，学校出资让有些教师去大学进修，或者请大学教师来学校上课。学校制定了一些规范，教研组组长、年级组长都必须按照相应的规范帮助新教师上课。教师获得资格证书之后仍然要接受培训，新教师有4～6个月的观察期，不断地接受教研组长和资深教师的听课，学校要确保每位新教师能适应学校教学。学校不但要对新教师进行培训，还要对所有在职教师进行培训，每周三是教师培训日，培训的重点是教师的职业素养、师德、教师的专业知识，教师的教学能力、控班能力，每个教师都必须参加。成长的每一个阶段（升职的每一个台阶）都必须经过培训，或者请校外的专家来讲，或者请本校学有所长的教师开讲座。大部分是讨论式的，相互交流，相互启发。学校主要通过观察来了解培训成果，所有的观察都要通过填写有关表格以备检查。他们的培训总体看来仍然是以校为本，每学期都要制订相应的教师培训计划，按步实施，外请专家的费用均由学校支配。

一位分管特殊学生教育的中年女教师给我们介绍了学校德育情况。总体来看，男生比女生差，有些男生根本不愿上课，有些学生想工作了，学校就为他们找单位，找社会实践的岗位，让他们去接受实践锻炼，熟悉相关工作。学校有专门的心理教师帮助解决学生的心理障碍，经常组织活动，通常是免费的，如果需要费用则由学校支付。学生必须参加全国统考，有特殊证明的可以不参加，改为参加其他考试。学校主要负责教育孩子，参加什么考试家长和学生本人有一定的选择权。这所学校的学生因为来自不同种族，英语能力较差，学校采取了许多措施提高他们的语言能力，包括一对一的辅导。学校设有残疾人通道和电梯，残疾学生得到特殊关照，有专门的助教帮助他们，经费打入学校的预算，由政府买单，他们的理念是让残疾人享受正常人的教育（我们在学校的几天里看到多次，一个助教负责一位残疾人）。学校关注每一个孩子，让他们都得到关爱。学校与家长的联系比较多，经常让家长来学校参加教育活动，建立家长学习制度，差生家长被邀请到学校看孩子读书，一起教育学生。

校长有权开除严重违规、破坏学校秩序、影响学校声誉的学生，至今学校已经开除了40多名学生，这一点给我留下很深的印象。我们过去总认为美国、英国这样的国家重视学生的人权，对学生是百般呵护，但在这所学校看到的完全不是那么回事。学生作业不交，对不起，先做好作业再上课；学生课堂上表现不好，对不起，先把你放在一边，孤立起来，不让你参与集体活动；学生严重违纪，把你放在隔离区接受教育；在隔离区表现仍然不好，对不起，不让你参加体育活动，不让你玩耍。如果犯了严重错误，或有暴力倾向，或屡教不改的，则把你开除，不管家长怎么投诉，该开除的毫不手软。当然，开除是非常谨慎的，有一定的比例限制，开除之后还友情操作，帮助家长为孩子找到下一个落脚点，学校方面也换位思考，把学生当成自己的孩子看。这所学校的做法让我们看到了尊重学生的另一种版本，我认为这种做法是完全正确的，惩戒教育与成功教育都是教育的有效手段，不能忽略任何一种，惩戒教育让孩子有敬畏之心，成功教育让孩子有进取之心，两者的结合将使教育效果大大提高。尊重学生不是放任学生，不是完全鼓励学生，没有惩戒的方法同样教不好学生，而且会影响更多的孩子。尊重是有条件限制的，那就是教学环境、教学秩序不能被破坏，否则大多数学生的权益就会受到损害。人权首先要考虑的是大多数学生的人权，民主首先要考虑的是大多数人的权益不受损害。英国学校非常重视课堂秩序，学生上课规规矩矩，提问发言必须先举手。

中午几位学校干部开着车，把我们带到了一家中餐馆——一品酒家吃中饭，他们的校长亲自陪同，许多校长都说这是到英国以来吃得最好的一次，下次他们到中国来要好好地招待他们。一品酒家很大，就在伦敦城市机场的对面，中间隔着一条河，视觉效果非常好。

2006年1月20日　星期五

金斯福德学校招收 11 ～ 16 岁的孩子，也就是 7 ～ 9 年级的学生，有39％的白人学生，有28％的黑人学生，有28％的学生因家庭经济困难或本人残疾需要特殊帮助，有12％的学生来自难民家庭。2003 年，经过质检局检查认定为办学质量好的学校（还不是最高等级），学校教师认同领导，教师之间、学生之间、师生之间关系和睦，成绩标准低于全国平均水平，因为大多数学生来自非英语国家，英语水平有限。学生的写作能力不高，出勤率有待进一步提高。但是学校有效利用办学资源，电脑技术、中文教学是他们的特长，教师价值取向正确，为学生参加社会实践提供了大量的机会。

校长德斯兰德斯女士给我们介绍了学校的一些情况。学校由校长领导，但校长必须对学校董事会负责，学校董事会由家长、社区领导、政府官员、老师、助教组成，决定校长、副校长人选，并且每年都要与校长谈话，检查并帮助校长的工作。她自己就是通过学校董事会的层层选拔，在40多位候选人当中产生的。

这位女校长很有头脑，她告诉我们，近年来英国政府高度重视汉语教学工作，现已将其纳入英国教学大纲所规定的初中结业考试及高中会考科目。她认为把中文作为第二语言是十分必要的，就像中国把英语当作第二语言一样。应该说这位女校长是很有眼光的，看到了中国正在日益崛起，在21世纪将成为世界关注的中心，通晓汉语的西方人今后的工作前景将非常光明。在眼下英国的校长还没有充分认识到学习中文的重要性时，她领先一步，就有了许多优惠条件，学校因此成为特色学校，中文教育得到政府教育主管部门的充分支持；同时，英国外事部门如英中文化交流委员会给他们以经费资助，学校可以将这笔钱用于资助教师、优秀学生出国考察学习，他们曾多次组织师生到中国考察，英国外交部文化处还把这所学校作为英国中文教师的培训基地；香港汇丰银行给他们以经费支持，学校有76%的学生享用免费午餐，香港汇丰银行出资赞助，学生可以到汇丰银行进行社会实践。这样看来，校长的方向定夺是有着十分重要的意义。这位貌不惊人的女校长还亲自到中国去招收汉语教师，亲自面试，2001年从中国共招来6名中文教师，与英国人同工同酬，而且比英国刚参加工作的教师工资还要略高一点，这一点非常不容易。没有歧视中国人，与她自己是牙买加人有很大关系，她深知外国人到英国生存是多么艰难，于是对中国人格外照顾，提前 5 个多小时亲自到机场去接中国教师，而且把住宿、吃饭都安排得好好的，让这些刚到英国的异乡人非常感动。

这位女校长提出要做好学校的自我评估，要让副校长及以下的干部知道学校学生的发展情况，这必须通过听课与评课来实现：教师开学之初设定目标，结束时要做自我评估。皇家督学到学校来督导，主要就是看教师能否准确地进行自我评估。为此，学校为学生提供最好的教育，教师必须备好课，上好课，做好课后自我反思。金斯福德学校 2003 年首次接受质检局检查，检查的重点就是：第一，学校整体管理是否有效，不仅关注校级领导的管理，而且关注年级组、教研组的管理；第二，每个学科教学是否有效，教师是否关注如何教会学生自主学习，督学听课要看学生在课堂上知识能力的获得、课上是否专注、是否学会独立与合作学习，看教师课上是否关注每一个学生，课是否有效、有趣，是否善于鼓励激发学生，引发学生的学习兴趣，积极迎接挑战，是否充分地利用教学资源为课堂教学服务；第三，教师是否注重学生整体发展，是否为学生提供平等的学习机会，特别强调教师价值观，强调重视学生的社会实践，强调对特殊学生采取特殊有效的教育、帮助措施，督学要进行学生访谈。此外，还要评估学校与社区、警察局、医院等单位的联系情况，学校是否有效地为社区提供服务，这所学校就为社区提供中文学习、白板使用技术的指导。

质检局提前两天通知学校来督学，是因为他们希望看到真实的情况。学校如果没有通过质检局的检查，那么政府将免去或要求学校董事会免去校长职务，同时裁去一些不称职的教师或调走一些教师。另行选派校长和一些骨干教师到这所学校任职。

副校长为我们介绍了行政事务及学校经费运行情况。学校有一名正校长，一名副校长，校长与副校长的职责多数相同，不同点主要表现在，校长更多地进行对外联络，副校长负责财务。6 名校长助理，9 个学科组各有一名教研组长，主要分管各学科教学，4 个年级各有一名年级长，主要抓学生的行为规范。

政府根据这所学校的实际招生数下拨经费，2005年拨给900万英镑，如果学生人数少了，政府的拨款也要相应减少。80%多用在教职人员的工资上，一般不超过87%，管理团队有一笔额外的开支，2005年管理人员的额外津贴是54万英镑，各学科组的建设花去20万英镑，其中科学组、英语组用钱最多。各公司给的赞助主要用于教师、学生出国的费用。学校活动特殊经费可以提前一年专项申报，政府专项拨款。学校每年2月份开始做预算，3月为起始月，5月份上报预算。

2006年1月21日　星期六

今天我们去远足。我们乘坐大巴向西进发，第一站到牛津，古老的牛津不如剑桥那么美丽，但自有特色，特色之一就是古老。牛津大学诞生于公元1100多年，这里的房子裸露在外的砖或石块一律都呈黄褐色，很多砖石已经风化，但房子依然昂首挺立，仍然作为教学用房，里面的设施已经装修一新，并不妨碍正常使用。它既有历史价值，又有使用价值，还有观赏价值，而且从资源的利用来讲效益最高，不像我们不断地拆旧造新，既没有留存历史记忆，也没有厚重的历史积淀，同时对资源的破坏、浪费都非常严重。牛津是一个小城市，牛津大学建在城里，而剑桥是大学成就小镇，整个小镇其实是剑桥大学的服务功能区。牛津大学的建筑有更多的艺术雕塑，人像雕塑在学校里、在图书馆、在教堂，比比皆是，艺术氛围更浓一点。当然，牛津大学与剑桥大学也有许多相似之处，不但建筑风格，学院名称也有很多是一样的，比如国王学院、三一学院，等等。

牛津的叹息桥与威尼斯的叹息桥有些相似，据说是仿照威尼斯的建的，不过威尼斯的叹息桥下是海水，牛津的叹息桥下是陆地，是小路。

我们匆匆从牛津走过，就赶紧驱车前往莎士比亚的出生地，它位于牛津郡的上方沃里克郡一个叫做斯特拉特福的地方。车往北偏西方向开，一路上我们如在画中，大片大片柔软起伏的绿色田野，不时有树木一排排或一丛丛点缀在那里，偶尔有一两幢小房子，很有味道，车好像在绿色的海

the third series
且行且思

洋里行走，人好像在童话的世界里。快到斯特拉特福时沿途的许多农舍，屋顶是厚厚的、码得整整齐齐的草秆，而且用细密的网把整个屋顶罩住，这种被称为安尼·哈瑟维都铎风格的农舍，是当地一景。斯特拉特福小镇很有味道，是十分典型的英国乡村小镇的风格，若非出了名人，成了旅游景点，小镇应该是十分宁静的。我们一下车就直奔亨雷街上莎士比亚的出生地，这是一座古老的房子，给人的感觉是年代久远的英国小屋，居然在这里诞生了这么一位伟大的人物。随后，我们又去了哈佛大学的创始人约翰·哈佛的出生地，1607年他诞生于这座小镇一个外表华美的小屋里。小镇坐落在艾冯河的边上。我们随后又到了艾冯河边，这里已经成了一座公园，小桥、游船、草地、大树就在你的眼前，海鸥、天鹅在水里自由嬉戏，随时等着游人给他们喂食，每当有人向水里抛撒面包屑，就有一群海鸥飞过来争抢食物。

2006年1月24日　　星期二

今天，皇家督学彼德·牛顿来跟我们讲如何面对未来建设学校。这是一位十分可爱的高个子老头，他讲课时的肢体语言和象声语言非常丰富，假设了几个情景，模仿了几种动物活动来说明几个非常浅显的观点。他强调的是作为校长要懂得如何表达谢意，要经常和员工、学生打招呼，要鼓励别人，使人有信心，否则，如果人家觉得失望，就不愿再做这件事。他举出训练海豚的例子，强调要多奖励学生，他通过狗在厨房撒尿的例子（也亏这个老头能做得出来，多次模仿，逗得大家哈哈大笑），意在说明不要只知道制止，而不告诉具体正确的做法。他还强调面对困难要一起解决，集体的力量大。

他强调要根据具体情况，调整方法，保持变化，坚持学习，整个组织都要学习，学习关系到一个组织是向上发展还是向下滑坡。要经常问自己：学校目前工作怎样？与周边学校对比我们怎样？我们有哪些地方需要改善？如何改善？

2006年1月25日　星期三

今天讲"领导的改变"。

英国正在发生变化，制造业下滑，许多高科技产品都在中国生产。中国的仿造能力很强，现在中国人也会研发，中国的教育更是日新月异。上海是中国发展的一个标志，未来十年上海的学生在中国发展的过程中要做领头人。教育要培养人的创造力，使人们越来越愿意思考、创造、设计。上海今后要成为一个充满创造力的城市。

6年以后学校将发生巨大的变化，变化体现在三个方面：一是愿景，二是认同愿景，三是执行力。

学校领导必须把自己的愿景告诉教师，让他们认同你的愿景。你努力促成变化，但你无法预料变化。变化是多方面的，有道德伦理文化的变化，有学生学习方式的变化等。变化发生，对人产生的影响很大，比如影响人的判断，变化之后人或者失落，或者愤怒，或者迷茫，或者快感，或者兴奋，领导必须很好地将愿景解释给下属听。作为校长，按照自己的愿景去办学，这个是可实现的，是务实的，是可达到的，所有的愿景都关系到你的价值取向。

2006年1月26日　星期四

今天，皇家总督学泰勒介绍英国督学、质量检查局。19世纪开始，英国大力发展教育，1887年开始设置皇家督学，那时全国只有两名督学，主要作用是检查最基础的知识传授。教师的工资取决于督学检查的结果如何，督学是令人敬畏的，是学校教师膜拜的对象。1978年全英国有400多名皇家督学，但英国人口有5000万，督学还是太少，不能检查所有的学校。英国1992年成立质检局，学校对所有的标准都是统一地持反对意见。英国后来成立了几家公司，一起督察学校，并公开招聘督学，许多校长纷纷应聘。主要招收那些宽容的、会接受各种不同思想的人来担任督学。督学必须理解督学的真正含义：必须以孩子们的兴趣为出发点，必须有一个正确的评估，明白怎样的学生是好学生，清楚教学可以通过不同的途径达到好结果。督学仅仅变成演讲者是不行的。

在英国，一所好学校的标准包括：（1）领导的高质量；（2）教授的高质量；（3）教师的高奉献；（4）高的期望值；（5）有效的学习。皇家督学评判学校还要看学校的日常运作，看那些激励激发学生学习目的的课程，看是否具有促使学校持续发展的氛围，看学校自身是否具有很好的监督评估系统，看学校是否很好地关注员工的发展，看学校的设施、资源是否充分。皇家督学督导检查的是整个学校的情况，对于所检查的每一堂课都会给一个评价的分数。

皇家督学重点关注学校的领导者，在英国，好的学校领导者的标准包括：（1）有清楚的愿景；（2）能根据愿景做一个很好的行动计划；（3）能鼓舞、激励、影响你的团队；（4）必须创建一支高效率的团队，包括教师、助教和社区内与你合作的人等等。

领导者要有非常丰富的知识和创造力。作为学校领导者，必须树立很好的榜样，促进学校的工作，有效地开展自我评估，充分利用所有的数据进行分析，根据教师的实际工作成效进行奖励或惩罚，帮助员工发展。

领导者要学会正确、合理地使用资源。英国校长有较大的资金使用权，一年的钱全部拨给校长，校长独立使用，以聘任和调配教职员工，达成学校的目标。好校长应高效地使用学校的资金。

学校每年都有自我发展的计划，内容涉及以下五点：（1）考虑学校整体情况；（2）以分析学校现状为基础；（3）考虑家长与社区的因素；（4）优先考虑学生的学习；（5）以教学质量为中心。

学校进行自我评估，必须客观审视自我，英国强调：（1）发展领导与管理的培训；（2）要有足够的数据；（3）很好地利用质量检查局的标准；（4）有效地利用课堂听课；（5）对自我评估有充分的理解。学校的所有员工都在自我评估里面。质量检查局提供了统一的自我评估表。

学校要将自我评估与督学评估相结合，利用皇家督学的检查来促进学校发展，才能把工作做好。发展学校需要校长走进学校，领导学校。地方教育组织只是为薄弱学校提供帮助，督学也是在积极促进学校发展。督学必须以教师教学为中心，让每个人朝前发展。

2006年1月27日　星期五

罗杰·费舍尔讲学校自评，强调学校要发现自身的优势、弱势，了解自己，看看还可以做哪些改进，以及是否满足学校各种人的需求、社区的需求。

一所好学校应该知道学校的目的、目标和规划。中国学校太重视整体，不够重视个体，学生个性被忽略，学生没有多少差异，学生压力非常大，这与日本的情况很相似。

校长应该关注：学校是否成功地实现了目标，学校需要继续保持或提高的方面是什么，变革措施是否发挥了作用。校长要与其他人商量，与教师、教研组长讨论教学情况。

对于学校的一般情况、特色情况，都要进行评估。英国学校校长最关注的是：课程、学业成绩、学生的学习、教师的教学、对学生的支持和指导、学风、学校资源及其管理、领导力及其保证，以及所有学生的进步。

校长应该关注学生表现的整体情况、学校管理的整体情况、学校的整体效益。

英国质量检查局评价学生的质量标准如下：

（1）出色的：不同寻常的——样样都很棒。

（2）非常好：好于平均很多。

（3）好：好于平均。

（4）满意：平均、可接受。

（5）不满意：低于平均。

（6）差：低于平均很多。

（7）非常差：几乎无效。

"非常好"的含义是：（1）学校发展总体上非常好，能发挥自身的强项和长处；（2）非常少的弱点和不足；（3）没有必要进行大的调整；（4）所有学校都应该达到这一标准；（5）学校通过检查。

对教师的评价不能一下子期望太高，应该有个过程。学校现在需要做什么？摸底—行动计划—标准和质量报告。要将学校发展计划和外部评估相连，有效的自我评估和行动计划是保证、提高质量的关键。

2006年2月2日　星期四

下午我们从温莎步行来到伊顿公学，眼前的伊顿公学让我大失所望：一个非常古老的建筑，中间一个不大的门就是校门，毫不气派；走进去，是一个方形的空地，地面并不平坦，由岩石和鹅卵石铺成，人行路相对平坦一些，是由砖铺成的；在空地的中央有一座雕塑，是这所学校的创办者亨利六世。围绕这个空地，四周是学校的教室，右手边是一座教堂，紧挨着教堂的是校长办公室，领我们参观学校的老师告诉我们，说话要小声点，校长正在教育、训斥一些违纪学生，凡违纪学生都可能被校长关禁闭，接受校长训话——看来英国人的教育还是比较严谨的。老师带我们参观了他们的校史室，这是一个类似于地下室的房间，里面并不大，陈列了一些校服——几百年不变的校服，以及一些教学用具，还有著名的毕业生的简介。陈列室因为实在太小，没有多少实质性的东西，但给人的感觉就如同他们的校舍给人的感觉一样——历史悠久。紧接着我们又去参观他们最古老的教室，这间教室本身并不大，但是里面却有许多木桩，课桌是用厚厚的木块（实在是因为它太厚，所以我无法用木板来描述它）非常简单地搭起来的，却非常结实，几百年来那么多的学生在上面刻刻画画，但它仍然很结实。木块太厚，看上去似乎很笨重，但也有灵巧之处：课桌是由两个木块构成的，其中靠座位一边的是可以翻上去的，便于学生自由进出。我们没有看到伊顿的操场，我想可能是利用社区的设施。整个伊顿公学校园之小（第二次到伊顿公学之后，才知道原来整个伊顿其实很大），设施之旧，按照上海的标准，完全应该是薄弱学校，然而伊顿公学却是举世公认的知名学校，个中原因，值得深思。我们不断地追求学校规模的无限扩大，不断地追求学校设施的无限豪华，但我们却对学校的历史毫不在意，把原本经过维修仍然可以使用的校舍全部拆除，我们没有记忆。没有记忆的留存，其实就是没有文化。相反，英国的学校，无论是剑桥还是牛津，或是伊顿，都是以悠久的历史以及对历史的留存而闻名，历史的留存就是文化的积淀。从另一个角度讲，我们关注的是外在的建筑，而他们更加关注的是教育原本意义上的东西，我们其实在方向上输给了别人，也就是价值取向上有错误，以什么为主搞错了，以什么为重搞错了。我还在猜想，伊顿公学之所以有名，可能与它所在的地方很有关系，这里是王公贵族常住的温莎堡、温莎城，王公贵族的子弟大多在伊顿公学读书，这是让它出名的一个原因。

2006 年 4 月 3 日，我第二次到伊顿公学。这次是伊顿公学的校长托尼·里特亲自接待，他对我在中英校长论坛上的发言非常欣赏，给予了充分的肯定。他的介绍让我了解到更加真实的伊顿，原来我第一次看到的其实是伊顿公学最早的面貌——1400 ～ 1500 年时期的建筑物。其实伊顿公学大得很，它的所有教学楼、宿舍楼、图书馆散落在整个小镇当中，到处都是，到处都有伊顿的房产，就像牛津大学一样，小镇就是伊顿，伊顿就在小镇之中。伊顿的房产是惊人的，它甚至有一个 2000 多米长的多尼湖，这是一个皮筏艇赛场，供 2012 年奥运会使用。

下午开会，伊顿校长托尼·里特带着他的学生——伊顿的学生会主席一起给我们作介绍，事后得知，这位学生会主席是乔石的外孙。

澳洲访学随笔

绿色澳洲，绿色悉尼

2000年1月4日，告别送行的亲友，踏上澳洲快达航空公司QF188航班，澳洲之行正式开始了。

飞机上300多个座位几乎是满满的，90%以上是中国人，就连飞机上的乘务员也有一半是华人，其中一位讲着一口流利的上海话，令我们这些同行的上海人颇感亲切。一部分富裕起来的中国人，开始跨出国门了，有的是旅游观光，有的是学习考察，有的是去开拓新的生存发展空间，中国人生活的舞台大了，中国人的发展空间大了。

1月5日早上，飞机飞到了澳洲领空，慢慢降低了高度，天空的能见度很高。从飞机上往下看，一边是一块块如翡翠般的绿色，在绿色之中有星星点点的红色，那是房子，一边是一大片湛蓝色的大海，红的、绿的、蓝的，色彩鲜明，煞是醒目，煞是好看。

10个小时的旅程虽然辛苦，但一踏上澳洲的土地，仍然是止不住的兴奋，澳洲人是友善的，出机场验关的过程中，他们很友好地向我们点头致意，面带笑容地和我们这些英语水平不佳的外国人进行艰难的语言交流，简单查看之后，很快就放行了。

从机场出来，一路上看到的是碧蓝碧蓝的天，特别澄净，太阳特别亮眼，空气非常清新，这在上海是难得的。路两旁是洁净的街道和风格相仿的花园式的房子，洁净的街道令我们这群爱挑剔的上海人也赞叹不已，这里的房子几乎都是红色的瓦，瓦上几乎看不到一点尘土。这里的房子大都带有花园，当地人称为HOUSE。粗看过去，风格相仿，格调一致；细看下来，各个不同。大多都是一二层高，房前屋后是鲜花、草坪、树木，树木不太高，即使树干粗壮、曲折有致的老树，也就是比三层楼高一些，翠绿的树叶鲜亮耀眼，一尘不染，大片大片的草坪一如绿色的地毯，把所有土地覆盖，看不到裸露的地方。家就是花园，就是公园。树上的枯叶很自然地落在草坪上，没人打扫，也不必打扫，没人会觉得不干净，反而觉得它很自然地回归大地，滋养新的生命。路上很少有人走，扑鼻而来的是阵阵花香。映入眼帘的除了HOUSE、草坪、树木之外，还有不时飞上飞下的鸟儿，自由地发出欢快的叫声，人与自然和谐地融为一体，世界如此祥和。在澳大利亚，真是鸟比人多，草地比水泥地多，树比房多，绿色悉尼，绿色澳洲，果不其然。

上面说了这里的家是公园，是花园，而这里的公园又是什么样子的呢？早上吃过早饭去参观住处旁边的公园。公园没有门，当然也就没有守门人，更没有卖门票的。公园四周用圆木围起来，人可以随意进出，走进去，里面野草丛生，古木参天，显得古朴而荒凉，给人一种回到原始自然的感觉。真实，少有人为的痕迹，也是一种味道，也是一种美。我想这与家园的格局是匹配的，正因为家园如同花园、公园一样，风景如画，且家家如此，所以人们需要寻找与家园不一样的地方，于是古朴的、近乎原始的公园应运而生，在这里人们可以感受自然的原本状态。

鸟的生存与人的教育

早晨，漫步在小路上，鸟儿亲切地和你打着招呼，一会儿扑通一声从草丛中飞起，一会儿在电线杆上向你点头致意，一会儿昂首高歌，旁若无人。在小道上，小鸟轻盈地跳跃式行走，你走，它也走，你停，它也停，瞪着眼睛看着我这个外国人——它吸引你跟着它。当你大步上前似乎很快就要接近它时，它就倏地一下钻进草丛，寻它不着；当你正想走开时，它一下子又出现在你的面前，煞是可爱。这里的鸟儿种类很多，我认识的有斑鸠、八哥、鹦鹉、乌鸦。斑鸠的头上有一小撮翘起的毛，非常好看，很神气地挺着，如同古代的将军凯旋时戴着高高的帽子，很得意、很威武的样子。鹦鹉有红绿相间的,有全白的。个头大的,似乎比家养的鸡大,多半是白色的;个头小的,不比麻雀大多少,多半是红绿相间的。大个头的白鹦鹉叫起来声音绝对不敢恭维,算不上凄惨,但总有点张开大嘴瞎吼瞎叫的味道。与它一样叫声难听的还有乌鸦,乌鸦的叫声在中国被认为是不吉利的,先入为主的观念使得中国人对乌鸦没有好感,而这里的人似乎一视同仁,并不偏爱什么鸟,也不偏恶什么鸟。偏恶不好,其实我以为偏爱也不好,中国人偏爱什么总要把它据为己有,视为私产,那么一来,味道全无。在澳洲看不到遛鸟的老头,没看到一只鸟是养在笼子里的。鸟儿全在大自然,又时时在你的眼前,时时听到它们的叫声,人与自然和谐相处构成了一幅绝妙的风景画。

由鸟的生存想到人的教育。中国人喜欢把鸟关在笼子里养,澳洲人是把鸟放在自然里养,处处见鸟影,时时闻鸟鸣。中国人喜欢把孩子紧紧地约束在学校、约束在课堂、约束在书本里,澳洲人很自然地给孩子以自由,给他们更多自己活动的时间和空间,让他们在自然状态下成长。一个很有趣的镜头可以作为注脚:一个澳洲人带孩子出去,一个三五岁的孩子,远远地跟着,一路走,一路玩,连蹦带跳,大人头也不回,自顾自地走着。(要是中国人带孩子,孩子总不离父母左右)在大型超市里,孩子尽情地滑冰玩耍,而大人则尽情购物,各得其所。我们吃饭的时候,旁边是一对白人母子,儿子已经成人,18 岁左右,他先去挑选食物,母亲占着位置,看着东西,等儿子端着一盘菜饭回来,母亲再去买饭,各自付帐,绝对 AA 制,非常自然,长时间的独立自主养成这样一种习惯。

我们也讲规范,也讲选择,但是其实我们两样都没有做好,该规范的时候,我们总是把它简化,总喜欢通融,总喜欢变通,这样一来就无所谓规范原则。比如开车,我们坐在车里,一启动,一踩油门,就上路了,安全带是要在看到警察之后才系上的。而澳洲人一坐进车里,掸掸灰,擦擦玻璃,调整一下反光镜,系上安全带,然后才开始发动。这些在我们看来是多此一举的规范性动作常常被我们忽略了。生活中有许多必要的规范都是这样被我们省略了。规范没做好,选择也没做好,我们的家长、教师用精心呵护的爱心编织成一张大网，把我们的孩子给网住了，我们给孩子选择的机会太少，我们给孩子的自由太少。

澳洲文化生活面面观

海德公园就在悉尼市中心，在闹市区有这样一大块绿树掩映的场所，真是难得。树木高大，树荫浓密，环顾四周，长椅上不是人坐着，就是鸟占着，古人说是鹊占鸠巢，这里是鸟占人座。这里的鸟实在不怕人，你稍微撒一点吃食，一下子就围上一大群鸟，即使吃完了也还要在你跟前蹭着，等着你再施恩惠。澳洲人对动物礼遇有加，稍一不留神，就会有猫一般大的树熊、袋鼠或蜥蜴之类的家伙从你眼前穿过，当然，你是抓不着它们的，我在海德公园就碰到过，这实在是让人想不通的事。海德公园的中间是一个圆形水池，里面有许多雕像，大多与神话传说有关，栩栩如生。

海德公园对面就是圣玛利亚大教堂，我们去的时候正赶上一对新人结婚，主教为新人主持婚礼，在音乐声中，女儿挽着父亲的胳膊缓缓走到前面，父亲把女儿交给新郎，金碧辉煌的教堂里显得庄严、祥和、欢乐。新娘有三个姑娘做伴娘，新郎有三个小伙做伴郎，还有几个很小的小孩欢快地跑前跑后。赶上这件事，也算让我们见识了白种澳洲人的婚嫁风俗。

走出教堂，我们来到了新南威尔士的美术馆，这里收集了许多珍贵的东西方美术珍品。西方的油画画面生动，人物温情脉脉，风景色彩鲜明，让人赞叹不已，流连忘返。站在美术馆的楼上，对面半岛上的楼房鳞次栉比，尽收眼底，颇有点像中国青岛的建筑格局。

出了美术馆，沿着皇家植物园旁边的小路，一直走到海边，走到最佳视点——麦夸里夫人角，前面是悉尼歌剧院、港湾大桥，湛蓝的海面上漂浮着白帆点点，海鸥在自由飞翔，这里的景致简直美极了。

皇家植物园里，三三两两的人躺在草坪上，尽情地享受阳光、海风和青草的芳香。这大概又是中国与澳洲的区别：中国的草坪是严禁踩踏的，但总是收效甚微；澳洲的草坪是欢迎人踩的，适度的踩踏使青草不至于疯长，不至于草坪稀疏，适度的踩踏能使草坪厚实而且有地毯般的感觉。

悉尼的商业城区不如上海的繁华，上海的大型高档商场比较多，而悉尼小商店比较多，档次也不是很高，城区中心地带环境卫生也不好，和上海城区差不多，但悉尼的空气质量绝对比上海好。单就地理条件而论，上海也是沿海城市，也具备悉尼的有些条件，但是人的因素不同，人的数量不同。到 2013 年，上海的常住人口 2300 多万，而澳大利亚全国只有 2300 多万人口。人是最大的污染源，人的文化水准有差异，文明素质差异则更是明显，因而空气质量当然有区别。在悉尼，衣服穿三天衣袖不会脏，在上海一天就脏了；在悉尼，鼻孔始终是干净的，而在上海，一天下来鼻孔是黑的。空气的清新洁净是悉尼远远超过上海的地方，尤其是非中心区，更是处处如花园。

晚上参观悉尼赌场、悉尼大桥、情人港。连日来一直看不到多少澳洲人，现在一下子在这些地方全看到了。赌场禁止 18 岁以下的未成年人进入。门口有人把守，毫不含糊。赌场人很多，多而不乱，这么多人想在这里碰碰运气，可能各种心态的都有，但总体看来心态平和的居多，起码面部表情是这样，输多赢少顺其自然。看来人天生就有一种侥幸心理，妄想以小的代价获得大的赢利，这是赌博需求的心理基础，其实买彩票除了彩票本身的公益目的（彩票吸纳的钱用于公共事业）外，与赌博也有相同之处，就是想以小钱换取大钱，结果就个人而言也是亏多赢少，或者基本没赢。但人们仍然乐于去买个希望，买个妄想，虽然这希望、这妄想很快就会破灭。赌场里各种肤色的人都有，说明这是世人的普遍心理，赌博自然也就成为普遍需求。如果仔细看看，你会发现赌场里的黄种人多，亚洲人多，中国人多，如果把悉尼的人口比例考虑进去，显然中国人的比例是最高的。想想澳门赌场里基本上都是华人，几乎看不到白色人种，有道华人嗜赌，果然名不虚传。这是什么原因？为什么我们这个民族有此爱好？值得研究。

悉尼的夜非常美丽，声、光、电，水、桥、楼，熙来攘往的人，相互映衬，构成一幅美丽的风景画。

澳洲的文明与不文明

澳洲人初看起来给人的感觉比较悠闲，步履不是那么匆匆，行色也显得从容，这块土地看起来就像是供人休养的，但这里的人做起事来还是非常认真的。比如超市，昨天买完东西之后，就遇上两位超市总部的调查员，他们向我们调查许多情况，其中有一个问题给我留下很深的印象。他问我们：在这个超市有没有想买而没买到的商品？一般问话到此也就可以结束了，而这两个调查员继续追问："什么商品？"我们回答味精、生粉。他们又问："问过售货员吗？"我们回答问过了。他们接着问："售货员反映给经理了吗？"我们回答反映过了。他们继续问："过了三天，这两种商品有没有了？"我们说仍然没有。如此执着地追问完全是为了改进工作。从人出发，满足人的需要，被视为最高原则。以这样的原则做事情，没有做不好的。

初来乍到，会觉得这里的路都差不多，路边的树也差不多，大多是桉树，房子也差不多，如果英文路名记不住，稍不留神就会走错路。平静的生活常常会有一些小插曲，平淡的人生也会产生一些有趣的故事。我们一起参加培训的一位校长迷路了，在没有校园围墙的麦夸里大学里转来转去，找不到回家的路，兜来兜去，最后碰到一个大鼻子老外，用不熟练的英语说了半天，人家总算明白你是迷路了，于是十分热心地告诉你"turn left，turn right，keep going"，看你不甚明白的样子，恨不得立刻带你过去。澳洲人看来是比较友善的，散步时，只要你和他的眼睛对视，他就会朝你微笑，这是文明的表现。

在澳洲乘坐公共汽车，你会有一个发现：每当公共汽车到站以后车门会自动下降，便于人上下车，等到乘客上下完了，又恢复到原样，因为在澳洲乘坐公共汽车的大多是老人和孩子，为他们着想，于是公交车有了这样小小的变化。在弹簧门面前，中国人走在前面的总是自顾自开门，自顾自出入，而澳洲人在弹簧门前，第一个开门的总是最后一个出去，因为他要把门扶住，让后面的人过完了之后他才放手。这也是一种文明的表现。

澳洲也有文明的死角，乘坐地铁的感觉总是不太好。我们乘坐地铁转了几处，无意中发现地铁和地铁沿线一些地方，是悉尼最脏的地方。地铁车厢里的座位上沾满了各种油腻的污迹，还有许多易拉罐、可乐瓶，以及吃剩的食物，满眼可见，比上海地铁差得多。地铁沿线常见到许多垃圾，有点像从意大利罗马机场出来之后那一路上的感觉，纸屑、用于包装的塑料袋随风飘舞，凡有墙的地方常常有脏兮兮的乱涂乱画。

我们到了一个叫卡拉马的小镇，这是一个亚洲人聚居地，实在不敢恭维，人多而且杂乱，一如我们一些人口稠密的乡下小镇。

到动物园看到了考拉，一个个懒洋洋地在树上睡觉，它们是因为吃了桉树的叶子而昏睡，每天有 18 小时在睡觉。在悉尼我们常常见到一些特别肥胖的人，差不多十来个人当中就有一个，我总感觉，这些胖子就有点像考拉。

澳洲是我们的参照物

澳洲特殊教育学会主席帕蒙特教授给我们上课，主要介绍澳洲教育行政体系，今天主要讲特殊教育。从这次听课的情况看，我们以澳洲教育作为参照物，反观自我，看到我们自身的长处，我们也有比他们更自由的地方，比如我们对教师就有选择权，可以选择上，也可以选择下，而他们则不能，他们有教育工会顶着，校长无权解雇教师，除非教师吸毒、犯法、体罚学生、调戏学生。从一个方面看，教师的合法权益得到了保障，但是另一个方面又致使教师不思上进，缺乏动力。教师工会对交纳会费的教师都给予保护。澳洲的教育工会有行会的性质特征，打着维护教师利益的旗帜，搞平均主义，同样的教龄、同样的级别一定要拿同样的工资，干多干少一个样，干好干坏一个样。上海鼓励学校根据实际情况积极建设校本课程，而澳洲则由国家对教育内容进行严格控制，一般不得随意改动。

澳洲的教育也有值得我们学习之处，四通八达的学制框架，绝对是有益于学生发展的。高中生可以选修技术学院的学分，以此抵充大学的学分；

初中毕业可以进技术学院，高中毕业也可以进技术学院；大学之间彼此的学分经审核可以认可，完全是一个立体的交通网络。

我们与澳洲的教育在很多地方是相同的。我们都想确立一个评价教师的方法、策略体系，但一时都无法实现。我们都提出了发展学生个性的主张，也做了一些工作，但我们都没有把这项工作真正做好，且连比较适宜的有效方法都未真正找到。我们都面临世俗功利化的倾向，金钱作为一些人至高无上的价值尺度左右着人们，包括校长、教师，也包括家长、学生，还包括社会上的人们。浮躁的心态驱使人们急功近利，面对这样的大潮，我们束手无策，保持心灵的净化和纯洁，显得比什么都难。澳洲评价学校也要看统一考试的升学成绩，只是家长们不把升学当回事，教师也没有什么压力，所以不想学的学生或者不想好好教的教师都能轻松过关。

走出国门，能够正确地认识自我，因为我们有了新的参照物，在认识他人的同时认清自我；走出国门，扑面而来的是活生生的事例，增加许多新的体验和感受，引发许多新的思考；走出国门，能使自己建立一个坐标体系，在更大的背景下看自己所从事的工作和事业，培养自己的世界眼光。

教育循环与教育民主

读澳洲教育历史，发现了一个很有趣的现象：常常有人在一定时期跳出来振臂一呼，大声抨击现行教育制度的弊端，引起公众的注意，于是政府组织必要的调查，接着出台一系列的政策举措，结果教育出现了好转。一段时间之后，又是一个循环，每一个循环都是对上一个循环的超越。由此联想到，前一阵语文教育大讨论，非常热闹，批评、抨击、争执、呼吁，这绝对是好事。它是针对问题而来，而不是针对人；它应着眼于未来发展，而不是对过去纠缠不休；它对现状的批评，应是一种更高层次的扬弃，而不是简单的否定了事；它是为新的跨越、新的发展做准备，是必需的阶段。

the third series
且行且思

而事实上，总有人对号入座，总以为这是对他们过去工作的否定，是无视他们的工作成绩，是无视他们的权威。于是接下来的工作思路又错了，他们组织力量宣传成绩，对抗批评，自然问题依然是问题，一切回归原样，结果丧失了发展的机会。其实我们应该在批评之后组织大规模的调查，在深入广泛调查的基础上，提出改革的措施和政策，实施全面彻底的改革，教育才能发展。

澳大利亚政府出台的政策都是面向全体的，州政府的政策、学校的教育改革也是在面上实施的，他们讲究民主平等、公平合理。我们国家的基础教育现在有两种形式，一种是适应社会基本需求的教育，也是这个学校生存的第一要义，比如升学率，没有升学率就没有大众信任，没有大众信任就没有市场，我想可以称之为生存教育。另一种是"亮点教育"，是我杜撰的概念，这是一种社会需求，它通过政府，通过社会精英，通过各种媒体，对中小学提出更高的要求，要求学校不能停留在生存的层面上，要有新的思路、新的亮点、新的发展。于是就产生了一些追求亮点的学校，也可以称之为"点缀式教育"，如此称呼，主要是因为它不是真正面向绝大多数学生的政策，不是面向全体的改革，而只是一种点缀，是所谓锦上添花的"花"，而非"锦"——"锦"是块状的，是大面积的，"花"只是一点。我们的一些学校常常有这种现象：有的耗资巨大搞天文台，成立天文兴趣小组，有的斥资搞所谓的体育项目，成立什么足球运动队或篮球运动队，都是点状的，得益的是少数人。这种举措在澳洲是不可能出现的。我们的改革、我们的政策应该让绝大多数人受益，而非让极少数人受益。教育不能为追求名而追求名，为追求亮点而追求亮点。教育的改革应该是面向全体学生的，应该促进全体学生的素质切实有效地提高。

我们的有些教育教学改革总是带有某些功利的目的倾向，希望在某方面取得立竿见影的效果，但往往事与愿违，你期待的走向没有实现，却朝着你不注意的另一个方向发展，给你意料之外的收获——可能是正面的，也可能是负面的。比如建平中学实行"人手一机"（每个学生一台电脑）的教学改革，我们原先期望的主要目的之一是改变教学手段，提高教学效益，是从"教"出发。于是想方设法让教师在教学过程中尽量使用，结果教师疲于应付，制作教学课件耗费了太多的时间和精力，但其实效果不佳。另一个我们先前并未注意的可喜变化却产生了，那就是学生的学习方式，这是悄悄发生的变化，人手一机到位后，学生使用电脑的机会多了，电脑在中学里原来是作为一门学科来教学，而现在又是一门技术，一种工具。工具的掌握当然离不开相关的理论学习，但更主要的是在操练中掌握，中学生正是好动的年龄，在操作中掌握电脑的多种功能，在玩耍活动中开发自己的潜能，同时也训练自己的动手能力。事实正是这样，学生在不断的操作中，创造性地变幻出许多新的花样，尽管有些是调皮的，甚至是恶作剧的。人手一机的网络化教学实施后，学生的学习渠道拓宽了，上网查找学习资料，获取信息，已经成为他们自主学习的主要方式之一。这不正是符合现在由教师的"教"向学生的"学"的有益转变吗？

学习不仅仅是教师要求下的学生活动，比如文化课、作业等，如果这样，只会把学生束缚在学科理论学习中，束缚在狭小的课堂里，束缚在教科书里，只会走向我们期待的反面，造成学习的异化，学生丧失学习的兴趣。学生的自主活动，学生的兴趣爱好，学生特定年龄下的幻想和盲动都是一种学习，都是有益的教育，都对他们自身社会化有积极的意义。苏霍姆林斯基说："（儿童）只有不用全部时间来学习（指课堂里的学习），才能顺利地学习。"诚哉，斯言！

尊重选择与放任学生

今天给我们上课的是中澳贸促会的一个中国代表倪少丹，原北京一所大学的副教授，她在悉尼读完教育硕士，对澳洲教育有许多直接的感受，重要的是她来自中国，知道中澳之间教育的差别，哪些是中国缺少而澳洲有的，而且是有价值的。她向我们介绍澳洲学校如何培养学生的主体意识，如何形成师生平等、民主的观念，教师如何在种种细节上与学生协商解决，如何给学生以选择的权利，给学生以自由，甚至给学生选择接受处罚的时间和方式的自由。澳洲终身教育的理念，不像我们仅仅停留在口号上，他们即使是 60 岁也可以上大学，60 岁的人与 18 岁的学生一起读书是常有的事。上大学的时间可以选择，包括用几年时间完成大学学业，几岁上大学，是上午上学还是下午上学，或者是晚上上学，都可以选择；专业可以选择，而且可以变更。尽可能地为人们的学习提供方便，尽可能地让学习成为人们感兴趣的事，终身热爱学习。

应该说终身教育在澳洲是做得比较好的，在任何时候想读书都能提供相应的条件。但是重视终身教育，并不等于忽视青少年的教育。听了倪少丹的介绍，似乎给人的感觉是学生学不学无所谓，不给学生施压，现在不想学不要紧，以后什么时候想学再学也可以，这样体现对学生的尊重。

澳大利亚的教师如此尊重学生，不会很严厉地批评学生、训斥学生，不会逼迫学生学习，中国的教师往往不够尊重学生。这些现象是客观存在的，问题是如何找出隐藏在背后的原因，并提出解决问题的办法。我以为现象背后隐藏着很深的文化背景，中国传统的父子关系、师生关系暂且不说，中国众多的人口、激烈的就业生存压力，就非澳洲所能比。而且现在国内的中学生，他们的父辈大多没有上大学的机会，他们的祖辈更没有多少上大学的，祖孙三代人的希望都集中在孩子一人身上，孩子什么都可以不做，就是不能不好好学习，家长省吃俭用也要让孩子上大学，在这样的背景下，教师怎么不着急，怎么会不逼着学生好好学习呢？而且就目前情况看，中国教育固然有逼得过紧的一面，澳大利亚的教育也有放得过松的一面。过分迁就孩子也会导致孩子不能成材；过度放任，也会害了学生。澳洲学生吸毒现象比较严重，就能说明一些问题。

人的时间是有限的，人的季节年龄是有时段划分的，不同的时间段有不同的特征，青少年是学习的最佳时期，错过了这个时期，以后很难补上，有些也根本无法补上。比如语言的学习，特别是外语的学习、计算机的学习，都必须在青少年时进行，误了时辰，何时才能补得上？

农时不可误，人时更不可误。耽误了农时，只能等到来年；耽误了人时，只能等下一代人。

要尊重学生，要给学生选择的权利和机会，但不能放纵学生，不能耽误学生，不能误了一代人。这之间有个度的问题，其实很不容易把握。

澳洲教师的讲课方式

澳洲教师的上课很有特点，第一个就是那位特殊教育学会主席帕蒙特教授。他是一个和蔼慈祥的老人，就其形象看有点像前几年活跃于中国足坛的德国人施纳普纳，只是身材、脸型比"施大爷"显得小一些。帕蒙特教授讲课轻声细语，但并不柔美，也不具备多少感染力，他的讲课是纯粹客观的介绍，一如平实的说明文。听了帕蒙特教授的课，我会不自觉地将他与国内的教授相比，应该说国内的教授绝对超过他，在理论功底上，在思考深度上，在授课艺术上，都是国内的教授强。当然，这和帕蒙特的个人经历有关，他虽是在特殊教育方面很有权威的教授，但他来自一线，由一线从事特殊教育的教师成长为特教学校的校长，然后转而再到大学从事专门研究，这样一种特殊经历决定了他的理论深度不可能很深，尤其是对特殊教育以外的。

帕蒙特教授讲着讲着，忽然两腿就跪了下来，此时话语也并不激昂或者伤感，我们不知就里，正打算去搀扶他起来，翻译做了解释，原来他是在模仿弱智儿童的家长恳求特殊教育学校的校长收留他们孩子的那种场景，看来他不是不动情，只是其表现形式与我们常见的有些不同罢了。他不事张扬，也不刻意表演，而是在再现原有的本真。这是不是澳洲人上课的典型方式，我不敢说，但可以肯定的是，他是众多澳洲教师中的"这一个"。

给我们上课的还有一位是悉尼恩平男子中学的校长，这是一个50多岁的男子，虽是白人，但肤色偏黑，也许是澳洲赤裸的太阳晒的，他的胳膊黑而且多毛，如果不看他的脸，单看他的胳膊，一不小心还会误以为是大猩猩的胳膊呢。他上课不拘姿势，很自然地踩在椅子上，一会儿坐在椅子靠背上，居然不会倒，一会儿又坐下来，坐在椅子上，觉得怎么舒服就怎么坐。他在课上经常用一些问题来征询我们的意见，喜欢讨论式的，而

the third series
且行且思

不是传授式的，他在付出的同时，也希望获取，他在表现的同时，也希望你们表现，典型的西方人的讲课方式。然而这种方式，中国人不太适应。中国人喜欢听你讲，一路讲下去，生动有趣、有益最好。我们中国人常常是讲究实惠的，花了钱来听你的课，首要的是要获取大量有用的信息，其次要求有趣、深刻、新颖，追求实利实惠是我们民族的普遍心态。于是自然对西方人的授课方式颇为不满，有一种被糊弄的感觉。这都是因为民族性格不同、民族行为方式及话语方式不同。站在西方人的角度看中国人，他们也会觉得奇怪，文化背景的不同，思维习惯的不同，导致不同民族之间的认同是很不容易的。

恩平男子中学的一位老师引起了我们的注意，那纯粹是因为他的长相，跟希特勒一样，显然是特意留的一小撮胡子。但性格绝对不一样，人挺有趣的。我们走进他的办公室，实在不敢恭维，他和他同事的办公室乱得可以，他那不大的办公桌上，有一张他的相片，穿着党卫军军服，和希特勒毫无二致。我们很随意地和他开玩笑，他毫不介意，而且风趣地说些笑话。走进他的教室听他讲课，那纯然是一位认真负责的教师。

开放大学和开放国会

参观悉尼大学，校园里有一个古老的钟楼，像城堡一样，四四方方的，远看很气派，正面看，又像是一座教堂。钟楼的钟声很响亮，远近五六百米都可以听见。这座钟楼全部由大块岩石砌成，至今完好如初。钟楼现在是悉尼大学艺术学院所在地，钟楼围住的是草坪，钟楼外面也是草坪，生机盎然，清新怡人。古老的钟楼与新鲜的绿草给人的感觉，就像老树新花，就像古画新裱。

悉尼大学也是没有围墙的，谁都可以自由进出，大学的图书馆也是可以自由进出的，充分发挥对市民的教育功能。澳大利亚所有的公共馆舍都是免费对外开放的，如澳大利亚艺术馆、澳大利亚战争纪念馆，等等。只要市民想进去就是好事，只要进去了，就会产生教育的效用，何必一定要设一道钱的门槛，把想要亲近它的人挡在门外呢？

大学没有围墙，国会大厦也没有围墙，虽然有门，但是是敞开的。到了堪培拉，你就会发现澳大利亚的首都与我们北京有许多不一样。北京是一个特大型城市，而堪培拉却是一个小城市，只有30万人口。城区很快就可以穿过，如果恰巧是星期六、星期日，工勤人员全部放假，街上除了游客根本就没有人，整座城市就是一座空城。海鸟比人还多，到处是绿地树木，一大片一大片的，却没有人享受，实在可惜。

到了国会大厦，只要是没有被法律剥夺政治权利的人，都可以旁听国会议员的会议，除了外交、国防等事关国家机密的事情外，其他议题都可以旁听。学生也可以进去旁听。让他们坐在专门设有隔音玻璃的座位上旁听，为的是防止学生说话声音过大干扰议员的正常开会，但是议员们的说话学生是可以听得到的。这就是澳洲的民主，让学生从小感受国家大事，体验民主决策。开放大学，开放国会，从教育的角度来说无疑是有积极意义的。

澳洲的议会有参议院、众议院，众议院的众议员是根据人数选出来的，是人数的代表；参议院的参议员是州的代表，每个州12名代表，参议院可以否定众议院的提案，众参两院既确保了多数人的利益，又确保了各个州的利益，应该说是比较公正的。但这样一来，办一件事受到的牵制就很大，即使是一件好事，如果不是每个州都受益，也很难办成。2000年夏季奥运会在悉尼举行，新南威尔士州的财力有限，试图通过国家拨款，解决一些问题，但是其他州不同意，因为他们认为影响了他们州的利益。

不能不来，不能不回

一位1990年就来此地"洋插队"的北京知青（其实也近50岁）为我们开车。在悉尼转了一天，一天下来，车辆往来无以计数，没有听到一声鸣笛，没有见到一辆汽车的尾部冒着黑烟，没有看到一个警察站在马路中间，独在停车时看到两位警察在检查停车是否规范，所有的车辆都自觉地听从红绿灯的指挥。这位开车的北京人贺师傅告诉我们，他9年的澳洲生活已经走过了最艰难的两个阶段：生存，立足。现在已经自豪地进入第三阶段——发展阶段。勤劳勇敢的中国人的生存智慧在澳洲得到最生动的体现。为我们联系这次学习的是一位"上海知青"，现在也顺理成章地进入第三阶段，80元澳币卖给我们一台旧冰箱的也是一位"上海知青"，现在已经拥有一套1000平方米的HOUSE、两辆汽车，进入每小时收入100澳元的中产阶级行列。精明的中国人一旦走出国门，走出窝里斗的车辙，就很自然地走上健康发展的道路。

我们到了悉尼麦夸里大学，负责我们进修学习的是麦夸里大学亚太研究院。接待我们的是研究院的院长，一个大胡子的白人老头，彬彬有礼，却又例行公事。有趣的是我们遇到了这里的一位中国人任一鸣博士，他是南开大学的硕士、副教授，到阿德雷德大学攻读博士，说话好激动，激动了容易结巴，不是很明显，但依然听得有点累。他到澳洲已经五六年了，背着院长和我们谈话很坦率，他说他读博士的第四天就在工地上打工了，40度的高温下干活，脱了一层又一层皮。现在虽然博士读下来了，但生活待遇并不很好。他是一个书生型的人物，他的专业研究在市场化特别强烈的澳洲缺乏市场，麦夸里大学亚太研究院接受了他，已经很不错了，但他的收入并不算高。在国内，基础理论研究多少有相应的保障机制，而澳洲则不然，能够带来经济效益的惟有课题研究，有了课题，才能申请到研究基金，有了研究基金才有个人的收入。任博士说："我发现现在社会主义和资本主义的大学没有什么区别，都在卖文凭。只是卖的艺术性高低不同罢了。悉尼的大学收入一靠研究基金，二靠学生，有学生就有相应的费用。"他说后悔来到这里，马上又纠正说后悔没有回去。他的观点是不能不来，不能不回。因为走出国门才能真切地感受异域文化，才能扩大自己的视野，才能丰富自己的思维，才能有机会发展自己的全球视野。任博士说："我现在已经回不去了，因为孩子已经完全被当地的文化同化了，不能写中文了，如果现在回去是让孩子承担不平等的竞争。"他的话不无道理，也引起了我的思考，只有深入地了解社会，才能正确认识社会，第一印象并不一定就是正确的，只有切身体验，才会有真切的感受。我们和任博士谈起这里的自然环境很好，他说："这是这里最宝贵的，但又是任何人带不走的。"我们问他："你在国内是副教授，在这里应该评教授了吧？"任博士激动地说："根本不可能！"声音很大，明显带着不满。我们睁大眼睛疑惑地看着他，他指着自己的脸对我们说："我是有色人种。"他告诉我们，这里虽然废除了白澳政策，废除了种族隔离、种族歧视政策，但在白种人心目中根深蒂固的优越感是永远抹不掉的，他们从骨子里永远瞧不起有色人种。澳洲白种人最恨的是精英学校（相当于我们的重点中学）的前几十名尖子生，几乎都是黑发青少年（亚洲人，以中国人居多）。于是他们想方设法用语言题来为难中国学生，试图改变这种现状，想以此来证明白种人是最优秀的。

我们爱和任一鸣博士闲聊，他对澳洲有自己的体验，在不乏偏激的语言中，看到了一些本质的东西。听不同的人讲不同的观点，能使你站在不同的角度看同一个问题，认识更加全面。

澳洲人在有色人种面前总要想方设法维护自己的优势地位，但是在英国人、美国人面前，他们的主体意识、民族自尊意识，却非常弱。比如国防，以前是长时间依赖英国，"二战"以后又依赖美国。在争论是否要摆脱这种依赖时，他们很多人争论时的一条重要理由是关于国防问题。有人认为独立后国防没有英国的全力支持，因而反对独立，主张独立的人认为有美国作为后盾，就是没有人说靠澳大利亚自己来保卫自己的国家，由此又可看出澳洲人主体意识的另一面。

由此联想到我们这次来澳洲的目的是什么。事情都有两种走向，一种是设想的期待走向，期待的常常在现实中不能如愿，不曾期待的倒自然发生。我们这次赴澳洲，原先设想的是学习澳大利亚的教育管理，其实管理没有学到什么，倒是对澳大利亚的风土人情、人文环境有了一些感性的认识，对澳大利亚的教育、文化有了一些粗浅的认识，你会不自觉地会心一笑：原来是这么回事。这是不来此地无法感受到的。实地考察、实地生活一段时间，你就会对国外的情况有直接的认识和了解，而且在与外国人的交往中学会了如何与外国人打交道。从这个意义上说不虚此行，也就是前面说的：不能不来。

任一鸣博士说了一句很有意思的话：中国大陆来澳人员，来之前并不一定是出色的，但到了澳洲之后，几乎个个都是出色的，由此看来中国的教育是成功的，教育质量是高的。而我以为事情并不是如此简单，这里还有地域的差异、地域文化的差异。在国内他有许多依靠，无需拼命，而且即使拼命也未必有用，国内的游戏规则是不规范的；到了国外，他毫无所靠，客观上逼得他要拼，而且国外的游戏规则相对规范。中国的人太多，竞争也太激烈，给人提供的空间和时间又非常有限，于是本来有才能的人也许就被埋没了，根本没有提供平等的机会。一到澳洲，人少了，竞争对手少了，给他们提供了新的机会，而且到了澳洲只有努力拼搏，这个动力是非常强大的，于是就闯出来了。

假洋鬼子和真洋鬼子

澳洲之行，我们见识了城里的假洋鬼子和乡下的真洋鬼子。

我们在澳洲城里遭遇了假洋鬼子，假洋鬼子向来都是贬义词，我们遇到的也不例外。这是一个不讲信义、不重合同的人，我们住的房子是由他租的，事先和我们说好2个月的租金加上4个星期的押金，由于未能租满半年，押金不能收回，我们的费用到此为止，不再追加。但是今天他的代理人来说是要追加3个月的房租和广告费、手续费，广告费用于房子出租做广告，手续费是用于第二次出租的手续费。有些中国人到哪里都改不了一种毛病，即窝里斗，坑自己人，显得极其无聊。

功利的人往往精明，但精明而不能自拔往往又会犯一个较大的错误，就是把目标当作目的，结果丢掉了目的、背离了目的而不自知，所谓精明而不高明是也。

在澳洲乡下我们遇到了一伙真正的洋鬼子。我们到悉尼和堪培拉交界的一个私人农庄去看了看，体验了一下那里的生活，不但看了他们剪羊毛，还骑着马在山顶上转了一圈。他们的山也是连绵起伏，山上是大片的牧草，没人管，只是用铁丝网隔成一大块一大块的，大概有两个作用：一是牧草计划性的轮流放牧，不然有的地方的牧草被吃得精光，有的地方却是牧草疯长；二是便于管理放牧的牛羊马，否则牛羊马放出去无处寻找。澳大利亚的土地资源是非常丰富的，旷野中给人一种粗犷、单调却又有几分野性的感觉。山上的苍蝇多、蚂蚁多，而且个头特别大，挺骇人的。

牧场的工人大多是年轻人，纯粹的白种人，长时间在山里，看到我们这些外国人非常稀奇。他们友好而热情，难得有许多人到此，他们也感到非常高兴，一起大笑，一起大喊，自由、热烈而奔放。我们问牧场主，为什么离开城市到这荒郊僻野来？牧场主指了指自己和工人，回答说："我们全都是因为喜欢马。"这句话很有意思，我完全相信它是真实的。一般人不会在这样的地方久呆，只有热爱，才能使你乐不思蜀。干自己感兴趣的事，这是人生一大幸事，即使再苦，也会以此为乐。所以人生的苦乐只有当事人心里知道。不要轻易地羡慕他人，不要轻易地抛弃自我。

不知怎么，我要把假洋鬼子和真洋鬼子放在一起，放在一起容易比较。人的体验由于比较而丰富，加上勤于思考，必然丰富了自己的认识。

精英学校和普通中学

我们走访了 Hornsby 女子精英学校、Carlingford 男女混合学校。这里的学校教师90%参加教师工会，每年交纳150澳币，校长也参加教师工会。

两个学校的亚裔学生的成绩都非常好，特别是大陆来的学生，他们的家长对他们有很高的期望值，这些孩子自身也有很高的自我要求，因此学习特别努力，成绩自然就好。澳洲学生的家庭作业量很少，一般仅要一小时就可完成。

除正常的学费之外，某些情况下也要求家长支持学校，但必须征求家长意见，由家长委员会操作，家长自愿交纳一定的费用，每年最多交130澳币，也有许多家长不交，因为这纯粹是自愿的。有些家长自愿为学校出工，比如做饭或者扫地，等等，也有许多家长不出工，亚裔家长出钱、出工的都很少。

两所学校按时上学，按时放学，下午 3:15 全校没有一个人，都走光了。放假时间特别多，一年有五个两周以上的长假。

the third series
且行且思

两所学校差异较大，女子精英学校学生素质好得多，学风严谨。毕竟一所是重点中学，一所是普通中学。由此也可以看出澳大利亚学校与中国学校之间的差别。从物质条件看，上海重点学校的硬件设施远远超过澳洲学校，但上海的学校显得有些铺张，澳洲的学校讲究实用。从教育方法、教育策略、师生关系看，基本上反映了两个国家、两个民族之间的文化差异、传统差异。澳洲教育务实灵活，以学生为主体，学习轻松愉快。中国教育认真紧张，讲究功利，却做了许多无用功。澳洲教师的一个重要观念就是让学生高兴愉快，这是评价教师的一个重要尺度，学生高兴，就不会到校长那里去告你，因此你的课堂里要多讲故事，多逗乐，使学生对你的课产生兴趣，而不至于让学生说"你的课真没劲"，于是走出你的课堂。中国教师的一个重要观念就是让学生多得到知识，从而获取高分，于是讲授练习成为课堂教学的主要方式。

在中国，不管你是作家，是工人，是教师，还是哲学家、政治家，或其他什么人，尽管你的一双慧眼已经洞察到应试教育的种种可恶与可悲，可是只要你有孩子，你就会闭紧眼睛，让孩子的头颅伸进那应试教育的锁链中去。

欧美的教育重视的是未来，我们的教育太看重现在，看重每一个局部的眼前的利益，这大概就是文化的差异。

中国的教育问题出在哪里？许多人都在思考，也得出了许多结论，但是否抓住了问题的核心却值得我们考虑。前一阵我们的权威们认定是应试教育出了问题，学校、教师、家长、学生、社会都拼命追求高分，搞应试教育，分数是唯一目标，而这与我们的考试重在选拔有必然联系，选拔教育是少数人的教育，是英才教育，于是改革的举措相应地围绕考试进行，于是出台了一系列淡化高考的政策，无非是加减法。加法如增加会考，会考也经过一系列的变化，由"记分＋等第"变为只看等第，后来又转为"记分＋等第"，由开始把会考成绩作为选拔推荐上大学的依据，转为没有推荐作用，后来又有推荐作用，最后到现在又变为没有推荐作用。重点高中自行命题会考，实际上从根本上削弱了会考的地位。又比如，为了扭转面向少数人的英才教育，于是要搞面向多数人的教育，搞大众教育，改革的举措就是抹平学校与学校之间的界限、学生与学生之间的界限，于是出台小学升初中就近入学，重点中学初高中脱钩，重点中学全部变为高级中学，重点高中成倍地扩大招生，以实现所谓的教育民主化，人人教育机会均等，包括现在高校大量扩招，除了经济上的意义（拉动内需）、在更广泛的层面上提高国民素质之外，还有让更多的人有接受高等教育的机会，实现机会均等，以此来削弱为少数人发展服务的英才教育。这样做应该说有它积极的一面，但这样做就好了吗？这样做就从根本上解决问题了吗？

我看不那么简单，任何事物都是相对的，高等学校再怎么扩招，重点大学、一流大学的热门专业总是有限的，竞争只是在不同层面展开罢了，现状就是这样，现在被高校录取而不就读的考生越来越多，原因是学校不理想，或者专业不理想，今后出来就业机会太少。现在参加研究生考试的越来越多，原因之一是本科生就业机会太少，竞争不过是推迟了时间，在不同层级上展开不同的竞争。再者，搞大众教育、面向大多数人就没有问题了吗？显然不是。其一，抹去了学校与学校之间的界限、学生与学生之间的界限，其实并不能真正抹去英才学生与普通学生之间的客观差别，而且从根本上说也不能忽视英才对国家、民族生存和民族发展的重要作用；其二，原有的问题依然存在，面向大多数学生，到底教什么，怎么教，依然没有解决。

我们的教育改革不能总在制度层面上做文章，不能只拣那些通过行政命令就容易操作的事情来办，事实上，容易做的事情往往是价值不大的。

我以为，我们不是不要英才教育，大众教育要，英才教育也要，问题是如何抓好英才教育。德国的教育同行曾对我们到访的教师说："你们的基础教育不是搞得很好了吗？你们培养了那么多奥林匹克数学、物理、化学、生物竞赛的金奖获得者，我们德国没有。但我不知道为什么你们中国要到我们这里来买专利技术？"这句话多么深刻，恰恰击中我们英才教育的要害。我们的英才教育成了金牌教育，我们常常以此为自豪。中国人不是不努力，而是很少人思考努力的方向，思考艰苦努力之后，我们拣到什么，我们又丢失什么。可以说金牌教育从根本上误导了我们的英才教育，误导了我们许许多多聪明绝顶的学生，使英才的天资白白浪费了。大量的解题训练，纯粹是为金牌而金牌，金牌变成唯一的奋斗目标，导致他们永远生活在紧张的空气中，他们的创造性思维、创造性人格没有得到开发，反而受到抑制。专一的训练使他们过早地"专业化"了，使他们无暇旁顾其他，因而根本不可能形成宽广的文化积累、深厚的文化底蕴，没有这些，如何造就创新人才？

大众教育也是如此，我们更多地关注书本知识，并常常很狭隘地将之孤立起来，穷追猛打，忽略其他而不顾，用功利的心态来操作，导致我们失去了很多宝贵的东西。比如让学生自由地支配闲暇时间，我们就做不到，甚至学生连闲暇时间都没有，全部排得满满的，这对学生成长是极为不利的。

用功利的心态来对待教育，对待学生，我们将失去更大的功利，在疲于有为的时候，我们其实更应该无为，这样的无为将带来更大的有为。然而我们常常不知道。这需要大智慧，我们很多人拥有许多小智慧，且常常因此沾沾自喜。大智若愚，小智慧者往往视"大智之人"为愚人，呜呼，悲哉！

澳洲学校的课堂教学

我们到了恩平男子中学，这所学校的校长为我们上过课，我们已经是老相识了。校长非常热情，非常客气，亲自带我们参观学校，50多岁的人，走起路来虎虎生风，非常潇洒，气质很好，精力格外充沛。他特意安排我们听课，显然有的课还是精心准备过的，这样一种态度倒是很少见的，令我们有几分感动。他们的教室编排也和我们的不同，各种各样的编排都有，课桌摆位是为教学目的、教学内容服务的。

澳洲学校的教学可以说都是分层次教学，都是走班制教学，教师固定教室，学生不固定教室，因材施教。即使作为母语的英语教学也是分层次来教的，他们的语文课以学生阅读为主，教师也要做指导，比如介绍有关作者的一些情况及相关背景，但是教师一般不作语法分析，教师也会出

▶ 学校的座位随意而自然

一些相关的思考题让学生思考、讨论、回答。学生的语文作业主要是读后感，一般不写命题作文，而是设计情景，让你发挥想象，学生可以任意驰骋，没有框框，没有约束。

我们又参观了 Saint Ignatius High School，这是一所私立宗教学校，也是一所颇具实力、颇有名气的学校。学校的范围大约有四五百亩，相当于

▶ 学校如画，让人心静

the third series
且行且思

三个进才中学那么大，就在一条大河边上，且居于高地上，角度好极了。学校有教堂，学生每周都要做弥撒，用宗教的精神来教育学生向善，这是学校道德教育的一条重要途径。

学校每周组织学生做社会公益活动。进这所学校每年每人要交2万元澳币，包括各种开销，吃、住、学习费用都在其中。虽然费用不低，但人们依然愿意来此就读，因为它有许多有利条件：其一是硬件设施好；其二是老师教学好；其三是宗教的道德教化作用；其四是进入这所颇有名气的学校，等于进入一个很高层次的社会关系网络，这所学校的校友许多都进入了社会的上层，在各个行业都有许多杰出人物，而且正在就读的这些学生，又是一群富家子弟，和他们成为同学，等于又建立了一层社会关系，我想这是最重要的原因。

这所学校一切井然有序，但又不乏自由，我们就看到一位教师带着一群学生在大树底下上历史课，老师坐在塑料凳子上，学生有趴着的，有坐着的，有躺着的，细碎的阳光洒在他们身上，很有一番情趣。

没有德育的道德教育

在澳大利亚的学校里，没有德育的形式，却有德育的内容。他们没有分管德育的校长，没有专管德育的政教处或学生处，没有德育的专职人员——年级长、班主任。没有午会、校班会、升旗仪式，也没有值日生检查，一切好像与德育无关。但整个学校的运行机制很正常，看不到国内某些学校无班主任后的一些现象，校园内文明有序，教学大楼内美观整洁，无脏乱差现象。

这是因为这里处处有德育的内容，这里人人都管德育，人人都从事德育工作，学生的任何问题是所有教师的问题，每位教师对学生所有方面的问题都负有责任。澳洲中学每位教师均有自己的岗位职责。除对学生传授知识外，还须承担对学生进行教育的责任。学校明确规定，在课堂上或场地上出现任何违纪行为，在场的教师必须及时处理，记录在学生行为卡上，必要时应向上级汇报。若事情棘手，难以处理时才转交各自的教研室主任，由他出面解决。假如教研室主任也不能圆满地解决此事，则应请副校长直至校长亲自处理。从处理问题的顺序可以看出，学校德育管理层次分明，逐级处理学生问题，每位员工都在第一时间内，在自己的职责范围内及时纠正学生的不良行为，管教管导，培养学生良好的行为习惯。心理教育在澳洲中学教育中占有非常重要的位置，人们思考问题往往从心理角度加以分析。当学生违纪时，心理教师会对其进行心理分析，然后会对教师、学生家长提出治疗的方法，以使学生顺利地摆脱某种阴影，健康地成长。

学校有明确的舆论导向和评价标准，引导学生朝正确的方向发展，若行为表现突出会获得各级表彰奖励，作为榜样；若行为表现恶劣将会受到劝告教育直至停学开除等处罚。对于情节严重的，需要处以停学和开除的处罚，学校有专门的制度说明，依照有关政策法规办事，其名称为 Suspension and Exclusion of Students。学校严格按照制度执行，对学生起到了威慑作用，从某种角度规范了学生的行为。

澳洲的德育课程是 Australia Studies（澳大利亚学习），包括国情教育、爱国主义教育，使学生在课堂上就能接受爱国主义情感教育，保证了爱国主义教育在时间上、空间上得以贯彻落实，避免了某些空洞的说教。

我们常常说德育是全程、全员、全方位的，却有意识地把工作分割开，教学是教学，德育是德育，这种分割法至少有两个问题：一是把学生——一个个完整的个体，人为地分割开，某些方面由教学部门管，某些方面由德育部门管；二是分工之后，直接效用是以为有专门的部门、专职人员负责德育工作，但往往导致其他人都不管，所谓的"全员育人"成了一句空话。

澳大利亚没有人提"全员育人"的口号，但客观上由于没有专门部门、专职人员负责，因此大家都得负责，谁的课出问题了，谁负责管理，真正是全员育人。

体育新概念——身心健康

中国、澳大利亚的学校教育都有体育课，但是中澳体育课的内涵不尽相同：中国的体育课是纯粹的体育课，着眼于身体健康；澳洲的体育课并不是单纯的体育课，它着眼于学生的身心健康。

澳洲的体育课和人的健康发展相联系，其全称为"个人发展／健康／体育课程"。澳洲中学从 7～12 年级都开设 PD/H/PE 课程，即个人发展／健康／体育课程，事实上这是一门涵盖多方面内容的德育课程。以 7～10 年级课程内容为例加以说明：（1）成长及发展；（2）救生；（3）构成及性能；（4）个人意识；（5）活跃的生活方式；（6）人际关系；（7）运动意识；（8）运动技巧；（9）个人选择；（10）提高健康水平。这 10 项课程内容不仅有体育理论方面的介绍，更多的是教会学生怎样做人，怎样处理人际关系。如个人选择课程中包含的内容有"对所作的决定负责""职业介绍""营养学""毒品教育""性教育"等项。如果从内容上分类，其课程中包含了行为规范教育、青春期教育、心理教育、法制教育、安全教育、人际交往、体育技能及理论等众多德育范畴的内容。每个年级课程内容不同，根据学生年龄特点，由浅入深安排教学内容。学校也可以根据本校的实际情况，有选择有重点地进行教学，加强某一方面的教育。例如澳洲青少年中吸毒现象及冒险行为增多，学校就相应选择禁毒教育、安全教育等主要内容对学生进行宣传教育，以引起学生警觉。

澳洲人非常重视体育。就学校看，在课程安排上，体育所占的比重非常大，每周三下午专门从事体育活动，课时为两节，每节 75 分钟，另外每两周还有三节体育课，每节 75 分钟。就教师看，澳洲学校是全员体育，周三下午，全校教师除校长外都要参与体育指导，或带运动队，或当裁判，或当教练，人人有事做，无一例外，这个时间到学校看，所有的师生都是满头大汗。就社会看，也是非常重视体育，各种宣传媒体对体育进行广泛报道，报纸往往用将近 1/3 的篇幅报道体育赛事，体育英雄们享受至高无上的礼遇。社区为学生每周三下午的体育活动提供场地，提供专职指导教师。澳洲的体育场地实在多，开车不用 15 分钟准能找到运动场。就家庭看，家里庭院中的篮球架、院子后面的游泳池都是孩子锻炼的好场地。澳洲家长常常带孩子积极从事体育锻炼，小小年纪或扑向大海，或爬山越野，或赤着脚在路上奔跑，这是经常可以看到的。

相比他们，我们是把文化课摆在第一位，体育课成了点缀，可有可无。特别是女生几乎都不大活动。这是十分糟糕的。

有一点必须说明的是，在学校从事剧烈体育运动，难免会出现摔跤受伤的现象，在中国，家长认为凡是学校组织的活动，或在学校里的活动，只要一出事，必须由学校负责，事实上也是学校负责。因此学校不敢组织强运动量的体育活动，也是事出有因，因为校方生怕出现责任事故，所以中国学校的体育活动最多的恐怕就是做广播体操。而澳洲学生家长都必须签署一份为孩子选择体育运动项目的责任书，一旦孩子运动出事，责任不在校方，从来没有谁因为学生参加体育运动受伤找学校负责。澳洲学生是有保险的，万一有事，一切费用由保险公司承担，免除了学校的后顾之忧。

澳洲学校的校长好当

说澳洲学校的校长好当，是因为这里校长的主管领导少，而且不烦你，"婆婆少"，事情就好做。澳洲教育管理重在务实，无论是学校层面的，还是政府层面的。学校管理重在求实，不必要做的一律不做，抓住重点，求真务实。管理程序简洁，不做无用功。政府对学校的管理体现在制定方针政策及拨款上，教学大纲由专家委员会制定，政府少干预，少开会，不考核，不评比，不下达指令性任务。每年一次财务检查，每年一次督导谈话，只和校长做为时两小时的谈话，政府代表与教师代表、教师工会代表、家长委员会代表组成四人小组，负责遴选校长，政府为每所公立学校输送合格教师，此外再无别的事情。

中国的学校校长不好当，因为我们政府的教育管理部门对学校干预太多，指令性任务太多，指导性教育思想口号变化太快，文件太多，开会太多，评比太多，评选太多，检查太多，督导太多，条块领导多头，不厌其烦，搞得学校领导晕头转向，疲于应付，无暇顾及应该做的正常工作。一位校长光是应付来自上级各个方面、各个层次领导的要求尚且来不及，又如何独立办好学校？

世界上一些优秀的中学校长如果请到中国做校长，肯定当不好，他们无法适应这么多的会，无法适应这么多的领导。

当然，要当好中国的校长，也是有可能的，也是有规律技巧的。这个规律技巧就是掌握祖传技能——"太极功夫"，谁都知道"太极功夫"出神入化何其了得！

国内传来减负的消息，所有的补课一律停止，这是政府的最高命令，谁敢不听！中国的事情既好做又难做，好做是因为中国是高度统一、高度集权的国家，一纸行政命令马上见效，理解得执行，不理解也得执行。难做是中国的人太多，行政命令只能解决一时，很难持久，很快就会走样。中国人的太极功夫讲究的是以柔克刚，命令初下，令行禁止，所谓风头上，避一避再说，等过了这一阵，找准时机，又会死灰复燃，该怎么样，还怎么样，一切又恢复原样，至多变换了一种说法、一种称谓而已。

中国需要集权，因为只有强有力的中央集权，才能把众多人口聚合在一起，而不至于发生内乱。历史证明，哪个时期中央集权弱了，就会出现军阀混战、诸侯割据，导致民不聊生，百姓困苦不堪。基于这一点，中国奉行儒教一统天下，很容易理解，汉代董仲舒罢黜百家、独尊儒术，宋代朱熹的理学思想，都是适应国情，适应统治者的需要而存在的。然而任何现象都会有两面性，独尊儒术，必然罢黜百家，过度集中，必然导致思想僵化，就很难发展，就会停滞不前。

澳洲学校的几个特征

从这几天参观的学校来看，澳洲学校有几个特点。

私立学校比公立学校好。私立学校有钱，它的经费来源比较多：其一有政府拨款，政府是按学生数拨款的，不论公立学校还是私立学校；其二是高额收费，如 Saint Ignatius High School，每人每年要交 2 万澳币；其三是校友捐助，Saint Ignatius High School 一学期收了400万澳币的捐助，远远高于公立学校。公立学校经费来源少，只有政府拨款，除了教师工资外，每年经费只有几十万，如我们参观过的女子精英学校，每年政府除教师工资外只拨款24万澳币，此外最多也就是一点零星的赞助。私立学校充足的经费，直接影响学校的物质建设，硬件设施绝对好。私立学校还有权，校长比公立学校有权，他可以处置一些表现不好的学生或老师，特别差的学生可以开除，特别差的老师可以解聘；而公立学校的校长绝对没有这种权力，只有在教师对学生进行性骚扰、体罚学生、吸毒时，才能开除教师。同样，上级政府对公立学校的校长亦无权开除或调离，只有当校长犯了上述错误时，才能将他免职。私立学校多半是宗教学校，校长是神甫，终身不娶，非常敬业，把一切都献给教育。正是基于这些原因，私立学校与公立学校在管理上的差异、办学质量上的差异就很自然。

但由于文化背景相同，价值取向一致，公立学校与私立学校也有许多相同点。

重视体艺。每个学校都非常重视体育、文艺，凡所到一个学校，他们展示给我们看的不是别的，都是文艺、体育比赛得来的奖杯。他们让学生自由地画画，让学生尽情地玩耍，让学生充分地运动，每个学校谈及自己学校特色的时候，无一例外都是文体方面的，或音乐，或游泳，或足球，或篮球，等等。有了文体活动，什么团队精神，什么意志品质，什么审美情感，都在其中。

尊重学生的选择权，提供给学生选择的机会，选择课程，选择程度。比如数学，选择程度浅的，则学分不高，你还必须通过选择其他课程来弥补学分，比如选择音乐、绘画，或某项运动，来弥补学分。到高三之后，除英语之外，有40多门课程供你选择，都可以用作高考的学分。学生可以选择教师，学生觉得你的课不能吸引他，就可以不选你的课，换一个教室上课。

突出动手能力。几乎每个学校都有木工、金工车间，男孩子一般选择这两门，女孩子则选择家政、烹调。他们的绘画课也是让学生充分动手随意图画，随意捏造各种物品。理化生7～10年级综合起来，叫科学技术

the third series
且行且思

课，11～12年级再分开，也是非常重视实验，每周至少两次实验，培养动手能力。

降低课程难度，拓宽课程广度，联系生活实际。五年级还在学乘除，高中还在学我们初中学的内容。但是他们的教材比我们厚实，比我们的内容多，多在哪里？多就多在大量联系生活实际的内容。而且只要学生有兴趣提出某一方面的学习要求，教师就要自编教材，提供给学生阅读学习。教师的学术专长、研究能力，从编教材中也可以看出来。他们是本科毕业以后，经过一年研究生课程学习方能从教上岗。亚洲文化的专用校本教材就是将蒋介石和毛泽东的形象巧妙地放在一个太极图里。教师和学生一起布置专用教室，我们特意看了一个亚洲文化专用教室。

温情教育。尊重学生，并不是不教育学生，宗教学校的神甫专门负责和学生谈心，关心他们，了解他们的心理动态，进行积极的心理疏导。任课教师对学生的衣着领带也要一一检查，轻声细语地要求他们系好，方可进入教室，从不大声训斥他们，每周做一次弥撒，都是一种道德感化。

两个月的学习考察就要告一段落，增加了新的参照物，有了新的体验，可以说不虚此行。

研究中澳教育的思路

谁也不能否认中国的基础教育存在不少问题，需要我们去思考、去解决，然而如果我们的思考仅仅停留在当前教育所包含的消极因素上，停留在现象上，满足于"头痛医头，脚痛医脚"的治疗方案，是不会取得显著成效的。我想从人性的一个方面——人的价值取向，通过中澳对比来分析认识基础教育的一些根本性问题。

功利的心态不一定比不功利差，我们不要简单地批评功利，而是应该引导功利取向朝着正确的方向发展。

从思维方法上看，中澳教育比较应该是归纳的，而不是演绎的，不能预设一个框架，然后把一大堆教育现象作为例子填充进去。框架常常把人框住，戴上一个预先定好的"主义"，把对象推向极端，这是极不负责任的，常常会把对象束缚住，也把人自己捆死。在此基础上的分析其实是强加的，欲加之罪，何患无辞？其实这就如同缺席审判，在他人不在场的情况下，对其评头论足。

中庸其实是四不像，四不像在现实中无法存在。现实存在的往往都是有一个基本点，有一个本我存在，在本我的基础上，综合一些可资利用的东西，化入本我中，黑即黑，白即白，仍然是很鲜明的。

转变应该如何进行？常常说不能从一个极端走向另一个极端，但其实转变就应该是走极端，不走极端，无法改变传统的东西，传统的东西是根深蒂固的，不走极端只能动动皮毛，走极端也只能动动筋骨。本我的力量是相当强大的，它要在漫长的时间过程中逐渐演化。

跋　阅读他者

改革开放以来，国人相继走出国门，去学习西方的经济、西方的管理、西方的文化、西方的教育，这就引出了如何学习人家经验的问题，即如何阅读他者。学习就是阅读，"西方"就是"他者"。

为什么要阅读他者？ 如果教育处于常态的稳定时期，"秀才不出门，全知天下事"，可能是个真理。但在教育急剧变革、转型时期，教育的事实系统已经和原有的语言系统、理论系统有距离了，各地、各校教育实践之间也有距离了。眼见为实，直接的经验是最抽象的，真理是具体的。（没有比直接的、眼前看到的东西更抽象的了，只有真理——抽象的真理才是具体的）因此我以为，转型时期必须优先阅读教育实践这本大书。

这种阅读的立场是什么？ 一直以来教育总在找方向，却没有去找立足点。一个不知道自己在哪里的人是无法出发的。这个立足点就是立场，你站在哪里，站在什么样的时空来看问题，决定了你观察问题的整个视角。所以，立场的第一个含义是时间问题。时间分为物理时间、历史时间，历史时间更重要。（各个国家在自己整个的发展史、发展历程上并不是站在同一历史时间段上的）立场的第二个含义是空间问题，要站在东方这片国土上，站在中华民族、站在13亿人的立场上。我以为就是以中国教育为方法，以中国教育为中心，以中国教育为立场。从内向外看，由下往上看。毛泽东在延安整风运动前期的著作中，就提出了"以中国为中心"的口号。走出国门，阅读西方教育，意味着我们应该以中国教育为立场，意味着对于中国教育自身的历史经验，包括近现代以来的教育经验，尤其是改革开放30多年来教育改革的经验，必须重新加以梳理，不能随便用西方的教育理论加以套裁，反对以西方教育为中心来考察中国教育自身。立场决定观点，观点就是你站在哪个立场上，在你那个视角里面呈现出来的那几个点，那几个基本的事实，就是你观察到的点，叫观点。如果我们站在民族的立场上，思考什么是对我们民族当下最重要的，这个观点就很重要了。拙作《误读美国教育：中国英才教育批判》就是试图实践这样一种主张，有意识地体现中国立场、中国观点。

研究中国教育需要尊重中国教育自身的经验，尊重中国教育自身的历史。西方的教育经验可以参考，西方的教育理论可以利用，但不能照搬。以中国教育为中心就意味着，我们有权凭中国教育自身的经验修正西方教育理论，修正西方教育的实践经验，这就叫做西方教育的中国化。所以我们要做的工作是返回我们国家的教育国情，返回我们国家的教育历史，返回我们国家的教育改革现实，否则我们一不小心就会犯去土壤化、去背景化的错误。也就是说，如何判断西方教育要以"中国教育是如何"的判断为基础。

这种阅读的方法是什么？ 我以为可以借鉴社会科学中的古今中外法。所谓"古今法"就是，把研究的对象放到历史背景里面加以理解，就是要把当代中国的很多教育经验放到历史的经验里面加以考察，即要把教育的现实经验放到历史的流程里面去加以理解。在教育领域里时间的因素非常重要，从历史的角度来讲，时间的变量就应该特别关注，因为事物在时间中发展，在时间中变化。我们不能直接观察到的事物，必须把它放到其自身的历史脉络中加以理解，否则不可能有真正的理解。所谓"中外法"，不仅仅是指中国和外国的比较，还指要把所阅读的局部教育放到一个更大的教育整体中乃至社会整体中加以理解。这里说的是阅读西方教育应该有历史的维度、整体的维度，其实还应该有理论的维度，也就是说要把西方的教育理论和概念按照中国的教育语境加以语义学上的改造，通俗地讲，就是中国化。如果这个过程不完成，用输入的西方的教育理论、教育经验直接套裁中国教育是会导致误读的。用通俗的方法来解说，如果把 A 定义为西方教育，把 B 定义为中国教育，学习国外的教育理论或经验，我想有几种情况：第一，A 是最好的，B 应该是 A，那么就把 B 变成 A；第二，A 是最好的，B 应该学 A，结果 B 说的是 A 的一套，做的是 B 的一套；第三，

A是A，B是B，把A好的东西化入B，将A同化到B中。时下比较多的是第二种，而我以为正确的应该是第三种。

另外，把西方教育理论后面隐藏着的价值观念作为一个普世的观念，我们也会犯错误。价值观念从来不是普世的。价值观念的来源只能是本民族内在的需求和当下实践的需求，价值来源于内部而不来源于外部。从文化的角度来讲，如果西方人权、自由、平等、民主是普世的，那么这些概念对中世纪的西方是不是普世的呢？另外，这些概念在西方产生以后是不是也有一个内涵的演变过程呢？从教育的角度而言，如果自由教育、以生为本、儿童中心是普世的，那么这些概念有没有一个发展的变化过程？有没有阶段性的特征属性？有没有一个空间、地域的变化？对于西方的教育理论、教育经验要按照中国的教育语境和教育经验进行有效的修正，使其能切合和切中中国教育实际。如果我们主要使用西方教育理论来认识自己的教育现实，结果把实际硬塞进不合适的理论框架，那么我们永远也不能解释为什么中国的教育竟然会有那么多看上去彼此对立，实际上却互相拉扯的现象。我们不可忽略基本的社会事实和社会心态，我们必须把社会价值观、社会心态列入一个重要的教育事实，我们不能完全用实证主义的方法把人看成物。人就是人，人有文化差异，人有主观性。晚近德国的文化社会学或历史社会学学派，提出一套与实证主义不同的研究方法，他们认为人不是物，人具有主观性，人赋予自己行为的动机、行为的意义。

这种阅读的目标是什么？ 阅读就是发现。发现什么？发现他者，发现自我。发现他者、自我的什么？我以为至少应该包括以下几个方面。

发现他者为何、同异之处及其原因，即人家的教育到底是什么样的，他与我相同的地方在哪里，他与我不同的地方在哪里，为什么会有如此的相同，为什么会有如此的不同。大陆语文老师如果到台湾去看华文教育，台湾与大陆同宗同祖，同文同源，华文教育有异有同，了解彼岸的教育，可以更清醒地认识自我，准确定位。要真正读懂自我的教育实践，必须寻找参照系。关于华文教育，台湾就是大陆的参照。

发现他者之是、何以是、何以为是，即人家正确的地方，人家为什么正确，人家是如何做到正确的。同样也要发现他者之非、何以为非、如何规避，即人家错误的地方，人家为什么错误，如何规避这样的错误。发现他者的目的也是为了发现自我，发现自我之非、我何以非、如何纠正，即自我实践中不正确的地方，以及为什么不正确，如何纠正自己的错误。发现自我也包括发现自我之是、我何以是、如何发展，即自己教育实践中的可取之处，为什么可取，以及今后如何进一步发展。在教育社会学研究领域，你要读懂他者，你就要研究他者为什么这么行动，他者赋予自己的行为一个什么意义，而且要研究他者思维的过程，这样我们就会有所发现。教育事实既是可以被外部观察到的那些事实，也包括我们眼睛一下看不到的，即人们内心存在着的那些主观性，包括主体性态度、动机等。对教育心态或价值取向的考察，应该列入教育研究的一个重要的方面，拙作《中澳市民教育价值取向的比较研究》一文，就是有意识地从这个方面去努力。

如何发现？ 我以为首先就是进场，就是你要真正进入他者的现场，是真实下水，不是作岸上观。为此在进场之前，就要对他者的教育有一个预备性知识，对他者有基本的了解，如果没有预备性的知识，你是考察不出什么东西来的。进场之后应该实现有效交往，作为一个研究者，应该增加自己的阅历，阅历来自交往。要和各种角色的教育人或教育相关人士交朋友、相接触，突破学科界限，开阔自己的心胸，增加自己的知识。这也是能够进入现场、能够得到不同的人信任的一个前提条件。比如到欧美国家去，你就要深入学区、深入学校、深入课堂，与学监对话，与主管探讨，与校长商议，与教师交流，与家长沟通，与学生谈话，变走马观花为细致体察，变平面了解为立体认识。单纯的个案实证研究，它的弊端是有可能只见树木不见森林，因此就应当把当下局部的经验放在整体里面加以解读，当然这个整体的边界有时并不清晰，困难就在于确定这个整体的边界。

要发现就要学会筛选，让什么样的事实进入你的视野，让什么样的事实进入你的大脑，让什么样的事实与你产生接触，让什么样的事实与你产生激烈的碰撞，你要有所选择。人们常说话语权，所谓话语权首先就是筛选事实的权利，其次就是对事实意义的解释。

要筛选就要设身处地，也就是我们进场之后，面对事实要将心比心，要推己及人。设身处地，才能还原思维过程，实际上这也是人与人之间能够沟通的先决条件。拙作《英国特色学校的创建——金斯福德学校考察有感》就试图还原该校校长创建特色学校的思维过程，就能真实把握其经验所在。还原思维过程，那么事实就不是历史，而是鲜活的当下。克罗齐说："一切真历史都是当代史。"一切传统都是经验。一切传统都生活在我们当下，那些曾经发生过，而又死亡的东西，概括不了传统。传统是传下来的，统一到我们每一个人的行为、观念，甚至我们的制度、语言里面去，那才是传统。费孝通说得好："生活在一定文化中的人对其文化有'自知之明'，明白它的来历、形成的过程，所具有的特色和它发展的趋向，自知之明是为了加强文化转型的自主能力，取得决定适应新环境、对新时代文化选择的自主地位。"

总之，在全球化的时代，我们的教育要有面对世界的向外姿态，面对现实的向下姿态，面对传统的坚守姿态。这一切都是为了实现更好的"向内"。科学哲学中关于"在对立的两极保持必要的张力"的思想，为克服二元机械思维模式提供了一个范例。"张力"这一物理学概念于1959年由著名科学哲学家库恩第一次引入科学哲学研究。库恩认为，科学研究必须在两种思维模式间保持必要的张力。按照"张力保持"理论，教育价值选择必须做到：要把对立的两极价值联系起来，而不应把二者割裂开；要使对立的两极价值互补，而不应使二者相互贬斥；要在对立的两极价值间保持微妙的平衡，掌握恰到好处的分寸。教育现代化不等于教育西方化，教育现代化是教育由传统走向现代的不断发展的过程，这一过程是多样化的。中华民族的教育现代化，是在保持和发展中华民族传统教育特色与优势，并使之更新而富有现代性和世界性的发展过程。中国也只有这样寻求自己的教育现代化之路，才能自立于世界民族之林。从世界范围来看，一些国家在现代化过程中都曾有过向西方学习的历史，但任何一个国家的现代化都不可能靠抄袭别人的现成东西来求得成功。必须认真学习中国历史，否则不知道中国何以伟大；必须认真学习世界历史，否则不知道中国何以落后。

概括地说，我们拒绝在价值选择中硬性地择其一而斥其一。正如著名

　　跋　阅读他者

法学家吴经雄所说："我们既非向东，亦非向西，而是向内，因为在我们的灵魂深处，蕴藏着神圣的本体。"

在自序中我记录了自己与西方文化、西方教育交流的经历，写了自己多次出国访学之后对西方教育的几个基本印象，虽然已有万字之多，但我仍然觉得意犹未尽，还有必要讲一讲本书所追求的一种方法，也就是在对外交流过程中应该持有的基本思想、原则和方法，于是以"阅读他者"为题，写下了以上这些文字，作为本书的跋。我所说的这些思想、方法未必正确；即使正确，我的书稿也未必都采用这样的方法；即使采用了这些方法，也未必做得到位。热忱期待读者的批评指正。

最后，我要郑重感谢本书的编辑杨坤，从书的标题到书的内容安排，从书的框架结构到语言文字运用，她都倾注了大量的心血，其认真之精神，其负责之态度，都让我感佩。

程红兵

2014 年 5 月

图书在版编目（CIP）数据

"瞎子摸象"：书生校长的西方教育见识 / 程红兵著 . —上海：华东师范大学出版社，2014.12

ISBN 978 - 7 - 5675 - 2815 - 4

Ⅰ.①瞎...　Ⅱ.①程...　Ⅲ.①教育—对比研究—中国、西方国家　Ⅳ.① G51

中国版本图书馆 CIP 数据核字（2014）第 295760 号

大夏书系·程红兵文丛

"瞎子摸象"
——书生校长的西方教育见识

著　者	程红兵
策划编辑	李永梅
审读编辑	杨　坤
封面设计	奇文云海·设计顾问
责任印制	殷艳红

出版发行	华东师范大学出版社
社　址	上海市中山北路 3663 号　邮编　200062
网　址	www.ecnupress.com.cn
电　话	021 - 60821666　行政传真　021 - 62572105
客服电话	021 - 62865537
邮购电话	021 - 62869887　地址　上海市中山北路 3663 号华东师范大学校内先锋路口
网　店	http : //hdsdcbs.tmall.com

印 刷 者	北京密兴印刷有限公司
开　本	700×1000　16 开
插　页	1
印　张	14.5
字　数	210 千字
版　次	2015 年 2 月第一版
印　次	2015 年 2 月第一次
书　号	ISBN 978 - 7 - 5675 - 2815 - 4/G·7768
定　价	35.00 元

出 版 人	王　焰

（如发现本版图书有印订质量问题，请寄回本社市场部调换或电话 021-62865537 联系）